全国幼儿园特色课程系列

QUANGUO YOUERYUAN TESE KECHENG XILIE

幼儿运动分解教学

主 编 窦作琴

副主编 陆 莹

编 委 张 果 刘 熙 何晓丽
周 静 周 莹

复旦大学出版社

图书在版编目（CIP）数据

幼儿运动分解教学/窦作琴主编. —上海：复旦大学出版社，2019.10
全国幼儿园特色课程
ISBN 978-7-309-14474-1

Ⅰ.①幼…　Ⅱ.①窦…　Ⅲ.①学前儿童-健康教育-教材　Ⅳ.①G613.3

中国版本图书馆 CIP 数据核字（2019）第 152054 号

幼儿运动分解教学
窦作琴　主编
责任编辑/谢少卿

复旦大学出版社有限公司出版发行
上海市国权路 579 号　邮编：200433
网址：fupnet@ fudanpress.com　http://www.fudanpress.com
门市零售：86-21-65642857　　团体订购：86-21-65118853
外埠邮购：86-21-65109143
杭州日报报业集团盛元印务有限公司

开本 787 × 1092　1/16　印张 12.75　字数 224 千
2019 年 10 月第 1 版第 1 次印刷

ISBN 978-7-309-14474-1/G·2003
定价：45.00 元

目　录

理　论　篇

实　践　篇

经 验 篇

理论篇

　　早在 20 世纪 30 年代前后,"运动教育"就是英国学校教育的一个重要组成部分。它所蕴含的教育基本原理和原则,是所有学科领域的基础。运动教育的结果似乎是对学习的一种干预方式,而不是对技能和学习内容进行孤立地教学。50 年代初期,北美洲的体育教育受到了英国运动教育活动思想的冲击和挑战,到了 20 世纪 60 年代前后,运动教育也逐渐成为了北美洲学校体育教育活动的一个组成部分,而且它也逐渐影响到幼儿园中的体育教育活动。

　　重庆市渝中区红岩幼儿园以园本特色"健康教育"作为发展和教育教学的切入点,幼儿动作的发展和体能素质的增强更是幼儿园积极追寻的目标。同时,在以往的研究中,幼儿园拟定出了促进幼儿运动发展的教养模式,并对运动教育的方法有了初步的探索。为了进一步深化对运动教育的研究,促进幼儿钻、投掷、跳、平衡等基本动作的发展,幼儿园确定了以"分解"和"游戏"为主要切入点的"分解式游戏教学模式",将其投入运动教学,并在一步步的实践过程中不断地完善。

一、运动教育与分解式教学

（一）什么是运动教育

对"运动教育"这个概念的解释和运用，不同的专家和学者都曾赋予它不同的具体含义。总的来说，运动教育中包括了这样四个基本的思想①：

1. 基础运动（basic movement）

2. 教育性的体育（educational gymnastic）

3. 创造性的运动（creative movement）

4. 探索与发现（exploration and discovery）

不过，一个完整、全面的运动教育所包含的内涵，却远远不止这几个方面。另外，也有学者对"运动教育"作为一个过程进行了解释，同时它也形成了这个概念的基础，即"运动教育"意是指一个过程②：

1. 通过这一过程，可以获得对人的运动的功能以及表现形式的正确评价和认识；

2. 通过这一过程，可以获得有目的地控制人的运动方面的技能；

3. 提供给个人各种机会，让其用自己独特的方式去运用自己已获得的运动知识；

4. 提供以"拉班的基本运动思想"为基础的系列经验；

5. 把认识到个体的差异性作为在教育环境方面的一个"有利的"因素，以引起新的概念和各种反应的产生。

（二）什么是幼儿园中的运动教育

在幼儿运动活动中，大多数都只是孤立地强调体能的发展，而忽视了幼儿的情感、社会性、认知以及创造性的发展。幼儿运动教育正是要改善这些不够完善的方面，力图使幼儿成为一个完整的人。

幼儿园中的运动教育是在健康领域范畴下对幼儿进行的一种适应个人需要

---

① 刘馨.学前儿童体育[M].北京：北京师范大学出版社，2002：171.

② ［日］松田岩男.体育心理学参考教材[M].吕其彦译.北京：人民体育出版社，1985.

的、有主题的和促进其运动技能发展的教育。它是能够同时提供体能的、情感的、认知的和社会性发展的一种综合性活动。

在幼儿运动教育中,教师不仅仅是活动中动作技能的传授者和示范者,更重要的是作为幼儿动作能力发展的促进者和学习过程的参与者。在幼儿运动教育中,教师应该尽可能地为幼儿创设一个能够自由发挥、有助于创造的环境,尽可能地鼓励幼儿独自或合作观察运动形式、尝试运动实践;尽可能地为幼儿提供更为广泛的运动经验。

(三) 什么是分解式游戏教学法

"分解式游戏教学法"是指将一个复杂的、适宜分解的动作合理地分解成几个核心部分,并通过若干个游戏对分解出来的核心部分进行分步练习,从而帮助幼儿更好、更快地掌握这个动作的一种教育方法。

此类方法强调教师通过前测了解幼儿某一动作的发展水平,并对幼儿难以掌握和发展较弱的动作进行分解,设计适当的分解游戏,再通过整体—分解—整体的游戏形式让幼儿逐步掌握动作的要领,从而发展运动技能。

(四) 什么是分解式游戏教学模式

幼儿园采用的分解式游戏教学模式是以分解式游戏教学法为基本方法的一套具有操作性的、能促进幼儿动作发展的模式。

这一模式具体包含理念、目标、内容与实施、保障、评价五个方面。此模式不注重立竿见影的能力效果,而是注重发展幼儿基本动作的协调性和灵活性;不强调将"分解"与"整体"或"整合"生硬地分离开,而是适时、适度地结合"分解"与"整合",在分解中不忘整合,在整合中融入分解;不生硬地对某一动作从技术上进行分解,而是根据该动作的难易,根据幼儿的发展水平将动作放入活动中进行学习程度和难易程度等的分解。

(五) 幼儿运动教育的作用

运动在幼儿的全面发展中起着非常重要的作用。一般认为,如果幼儿未来要成功地应付繁重的学习任务,那么他在幼儿期就应该通过运动得到必要的身体协调能力。早在20世纪70年代就有心理学家认为,幼儿早期大量的运动实践能促进幼儿抽象能力的发展,尤其是对周围事物的态度、解释自己行为的能力、处理事情的自信心以及空间想象能力和自我意识等方面,所有这些都与幼儿出生后七八年内所进行的运动类型密切相关。

另外,有关运动教育与幼儿发展的关系早期研究者也以图示的方式给予了

注明,详细关系可见图1-1。

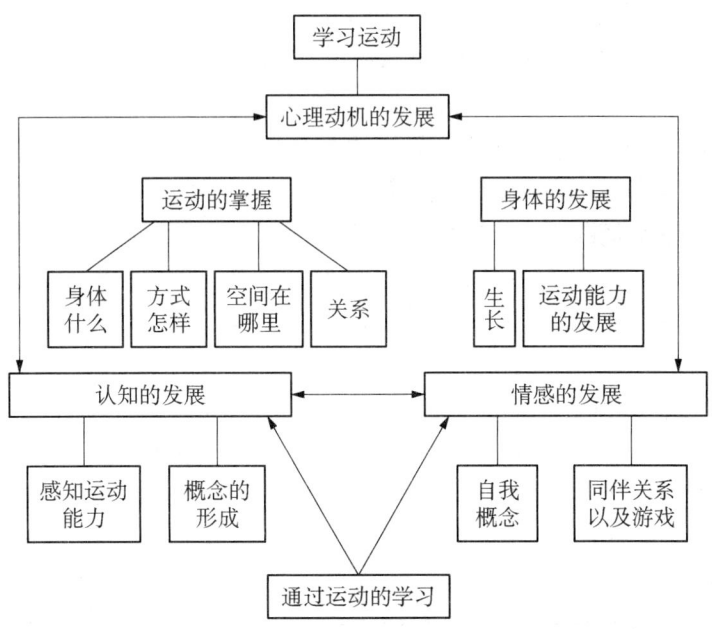

图1-1　运动教育中心理动机、认知和情感发展间的关系图(Gallahue,1976)[①]

除了早先研究者们对运动教育的认可外,目前,诸多教育学、心理学、运动学方面的专家学者在肯定运动教育促进幼儿身体发展的同时,也对其在促进幼儿身心发展方面给予了高度的评价。

1. 运动活动促进幼儿身体的发展

运动学习和运动活动对于促进幼儿的生长发育、增强幼儿的体质具有较高的价值。运动活动对幼儿身体的许多器官、系统特别是运动系统、血液循环系统、呼吸系统以及神经系统都有重要的影响。其对幼儿身体发展的影响主要是通过对幼儿的身体施加一定的刺激(即运动的刺激)来实现的。一定的运动刺激作用于幼儿的机体,便使幼儿承受着相应的生理负荷,这种刺激的经常化促使着幼儿机体内部不断地进行调整而逐渐产生适应性变化,从而使机体在形态、机构和机能上得到一定的完善和提高。

2. 运动活动促进幼儿认知的发展

实质上,认知是生命适应的一种形式。根据皮亚杰的理论,人在适应外部环境的过程中,不断地把外部信息同化于自身的认知结构当中,同时也在不断地改变自身认知结构以顺应外部环境。在运动活动和运动学习当中,幼儿通过动作

① ［日］松井三雄著.体育心理学［M］.杨宗义等译.北京：人民体育出版社,1985.

和环境的相互作用产生认知冲突,个体也需要凭借原有的认知结构同化或顺应以求达到新的平衡。在日常活动中,老师或家长盲目地教授幼儿新的知识,并不一定会引发幼儿认知结构的变化;相反,幼儿的主动建构活动就不一样了。在运动活动中,环境和条件是动态的、灵活多变的,幼儿在有趣的运动活动当中也是积极主动的,这就为幼儿的创造性思维的发展提供了可能,并且幼儿还可以对自己所参加运动活动的行为做出反应和选择,因而其认知发展是不言而喻的。

3. 运动活动有助于幼儿情绪的发展

对于情绪,至今没有明确的定义。情绪是体验,又是反应;是冲动,又是行为;是有机体的复合状态,又是以特殊方式表现的心理活动。有关研究表明,情绪可以影响人的认知活动,也可以协调社会交往和人际关系。

幼儿运动活动的游戏特性即假想情景给予了幼儿一个安全、温暖和接受的环境。在这个环境中,幼儿可以自由地表达自己的情绪体验,包括沮丧的体验、不被成人认可的行为方式的体验、恐惧的体验以及游戏成功所带来的成功的体验等。这实际上帮助幼儿消除了胆小、内向的状态,从而培养了幼儿正向的社会行为和自信心。

4. 运动活动有助于幼儿自我保护能力的提高

无论在哪个阶段,运动活动都会存在一定的风险。幼儿因为身心发展不完善的缘故,在运动活动中面临的风险也会更大、更严重。开展运动教育和运动活动,就能丰富幼儿的运动经验,让幼儿在运动中不断地学习和积累处理运动风险的知识和经验。这样一来,对于一些常见的运动风险,幼儿就会慢慢地学会如何去应对和处理,幼儿的自我保护意识也会逐步地建立和完善。久而久之,以多种方式引导幼儿参与的运动教育和运动活动,不仅不是引发事故的根源,反而成了降低事故发生率的有效方式。

5. 运动活动有助于培养幼儿的规则意识和意志力

现代社会的幼儿大多被过度宠溺,这导致了他们大多缺乏规则意识、责任感和意志力等。在运动教育和运动活动中,通过竞争可以让幼儿学习遵守规则,因为只有在遵守规则的前提下运动的成果才会得到认可。当然,在运动活动中幼儿也会遭受一定的挫折。但是,幼儿会在挫折中学会坚强面对,学会承担起失败的责任,磨练出面对挫折、战胜困难的意志力。

综上所述,从一个广泛的健康教育的角度来考虑,在幼儿园里以下观点应当被注意到①:

① [德]雷娜特·齐默尔著.幼儿运动教育手册[M].杨沫,易丽丽译.南京:南京师范大学出版社,2008:42.

◎ 避免长时间坐着或不运动(如去欣赏那些要求幼儿长时间静坐观看的戏剧或演出)。

◎ 给幼儿提供除坐以外的更多选择(如朗读、做小手工、在地板上做游戏等,这样可以让幼儿根据自己的需要不断调整自己的身体)。

◎ 让幼儿可以随时到户外进行游戏(在下雨或潮湿天气里要预备好换洗衣物)。

◎ 请父母们围绕"适合幼儿的健康教育"这一主题开展小型讨论会,每次都讨论不同的话题,如"游戏""膳食营养""运动"等。

(六) 分解模式对于运动教育的作用

在运动教育中,要求教师为幼儿提供有利的环境,引导幼儿进行动作的练习,而分解式游戏教学法及模式恰恰就是运动教育的辅助与运动目标达成的桥梁。

1. 能够引导教师理解活动

对于分解式游戏教学法的运用,要求教师在掌握班级幼儿动作发展水平的基础上再对活动本身进行分析,在这一过程中教师不但能够根据实际情况对活动本身进行理解和渗透,同时也保障了教师在进行执教时对活动的流程和重难点的掌握。

2. 能够促进运动活动的达成

教师对活动的理解和掌握程度直接决定着整个活动的流畅度和目标的达成度。通过提前的分析与分解,教师已经对活动了如指掌,在活动中也能够更加自如地进行组织,能够将注意力更多地投入到幼儿的活动中,促进幼儿运动活动的有效开展。

3. 能够引导幼儿轻松运动

学前教育专家提出"高结构低控制"这一理念,指的是教师对于活动的"高结构"能够引导教师对幼儿的"低控制",更能够在完整的情景中引导幼儿将活动环节和活动规则进行内化。在运动活动中,分解式游戏教学模式恰好能够让幼儿园的运动活动呈现出"高结构低控制"的状态。因为提前的分析与分解已经赋予了活动较高的结构,恰当的分解能够引导教师对幼儿的"低控制",让不同的游戏情景成为活动的"主导者",引导幼儿在运动活动中轻松运动、快乐游戏。

由此可以看出,运动教育与分解式游戏教学法及模式是相辅相成的关系,运动教育需要通过分解式游戏教学法及模式来完成,而教学法和模式则需要运动教育这个载体来完成。

二、教育理论基础

在进行运动教育或者其他幼儿教育时,老师们或许都曾思考过这样的问题:是否存在着某些依据或定论,能界定不同年龄幼儿的发展特征? 幼儿是如何学习的? 如何进行信息接收的? 等等,这些思考都涉及与运动教育相关的人类学的基本条件和发展心理学的基础。红岩幼儿园开展分解式游戏教学模式下的运动教育也同样需要一定的教育学、心理学理论进行引导。

(一) 心理学基础——相互作用论

以皮亚杰为代表的"相互作用论"深入地研究了遗传与环境对儿童发展的影响。它认为,有机体当前的行为不仅受到当前遗传特质和环境的影响,而且可能受到遗传基因和过去环境因素的相互作用的影响。人的发展是遗传因素和环境因素不断作用的结果,并在内部认知和环境作用的过程中不断调整。遗传和环境的作用在发展的各个阶段和不同个体身上所表现出来的形式各有不同。

每个幼儿通过自己对世界的探索,逐渐发现一些成人已经非常了解的东西。这些东西对成人来说,似乎是生来就掌握和了解了的,它们以规则的形式表现出来。为了更好地理解它们,成人的思维具有一个总结性的结构,即"精神结构"。但是,幼儿尚不具备这一精神结构,他们的理解能力还没有发展到如预先编好的程序那般的成熟水平,人们也不能通过课堂教学的强制性灌输来帮助他们建立这个结构。只有让幼儿经常与事物接触,才能更好地发展幼儿的精神结构;在这个结构的帮助下,幼儿才能更好地接受和组织环境给予他的影响,让自己逐渐熟悉环境(Piaget,1975)。

据以上对"相互作用论"的描述,我们可以总结出:幼儿的生长发育以及各项运动能力的发展是遗传和环境相互作用的结果,且每一位幼儿在运动、发展等方面所表现出来的特征都不一样。基于此,红岩幼儿园在对幼儿实施运动教育时注重不同年龄段幼儿、不同个体幼儿所表现出来的不同特征,通过观察和测查了解幼儿运动发展的强项和弱项,并有针对性地运用游戏法、分解式动作教学法等对幼儿进行运动教育;另外,环境是幼儿发展的重要影响因素,幼儿园充分利用现有的硬件环境进行创设,使其更加符合幼儿运动活动的需求;充分利用教师的创造性思维和对幼儿的了解,自制适合幼儿使用的体育器械和器材(详见实践

篇），让幼儿在运动活动中充分与环境和材料进行相互作用之下不断地成长与发展。

（二） 儿童运动机能的发展规律

在儿童发展心理学中，幼儿语言、认知、思维、感知、运动等发展规律是幼儿教师在实施健康-运动教育的重要依据之一，其中又以儿童动作机能的发展规律影响最大。所以，在此我们着重阐述幼儿运动机能的发展规律以及我园对此的运用。

下面的图示（图1-2）展示出幼儿从出生到7周岁基本动作的发展和配合情况。

从幼儿动作发展的规律来看，幼儿会逐渐发展出支撑、走、跑、跳、滚、平衡等动作。3岁开始，幼儿开始出现初步的"抛"的动作和"平衡"的动作，但总的来说，此阶段幼儿的协调能力发展还不充分、力量不足，对各肢体力量的分配和用力方向的控制也不完善，这个时期幼儿的运动仍然是笨拙的。

所以，在对3岁幼儿进行运动教育时，我们注重在逐步增加平衡、跳跃、走跑等运动活动难度的同时，对幼儿运动适宜度的把握，特别是对运动强度和难度与幼儿身体承受力的把握。

4—6岁的幼儿能够对运动形式进行组合（如跑和跳、扔和接等），并在协调能力方面有了很大的进步。此阶段的幼儿，随着游戏行为和兴趣的快速发展，以及注意力集中时间的增加，幼儿在进行运动活动时已经能够维持一定的时间了。针对此，我们在组织运动教育活动时，强调单项动作的学习和多项动作的组合练习相结合，同时在设计运动活动时注重运动游戏情景与动作的学习和练习紧密结合，让幼儿在愉快的氛围中进行活动。

（三） 教育与学习理论

在教育理论基础中，既包括了教师在实施运动教育时所需遵循的理论，也包括了幼儿的学习理论。

1. 活动理论

活动理论起源于康德和黑格尔的古典哲学，以马克思、恩格斯的辩证唯物主义哲学为基础，由维果茨基提出。我国对活动理论的研究可追溯到二十世纪二三十年代陶行知先生的"生活教育"实验和陈鹤琴先生的"活教育"实验。活动理论认为，人们活动的过程，是人与自然环境和社会环境，以及社会群体与自然环境之间所从事的双向交互的过程，是人类个体与群体的实践过程与结果。

活动理论分析的基本单位是活动。活动系统包含有三个核心成分（主体、客

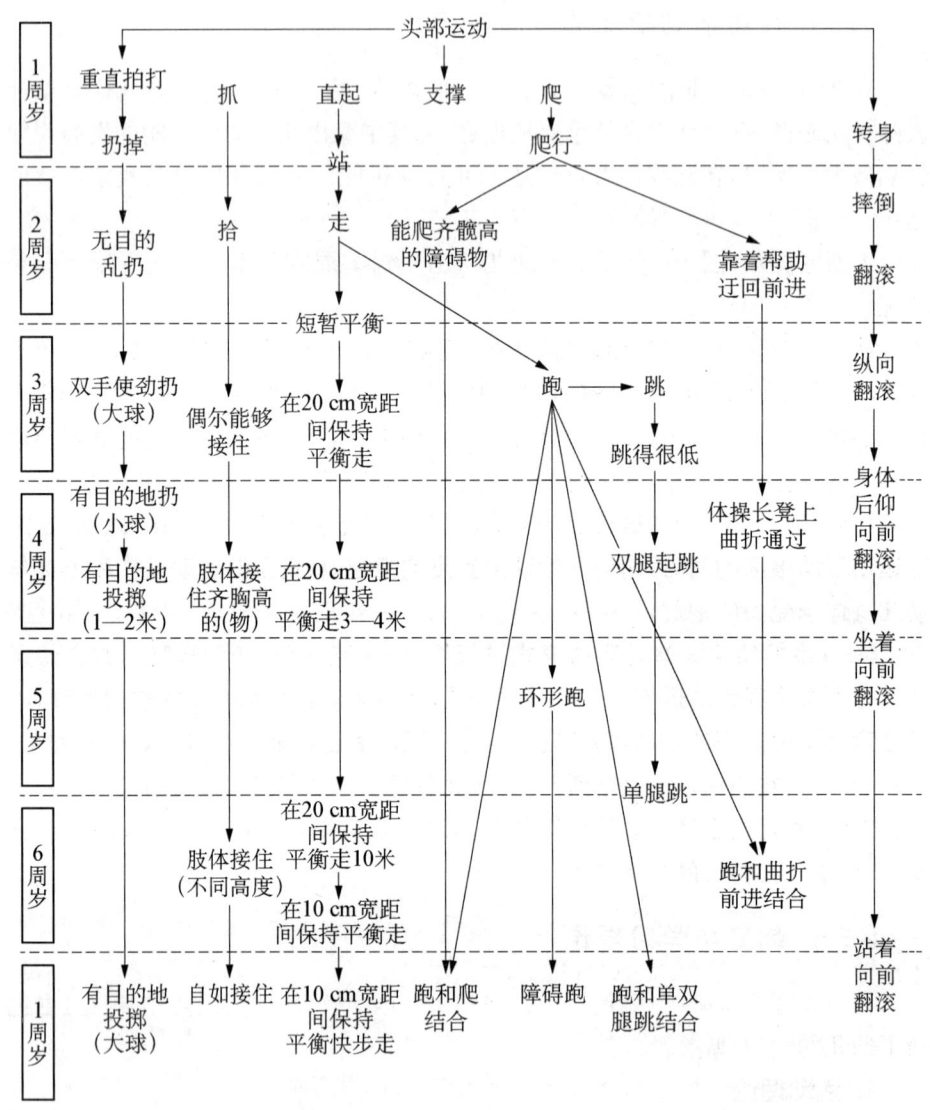

图 1－2　0—7 岁幼儿基本动作发展图(Roth，1982)①

---

① ［德］雷娜特·齐默尔著.幼儿运动教育手册［M］.杨沫，易丽丽译.南京：南京师范大学出版社，2008：56.

体、共同体)和三个次要成分(工具、规则和劳动分工)。其中,次要成分又构成了核心成分之间的联系。它们之间的关系如图1-3所示。

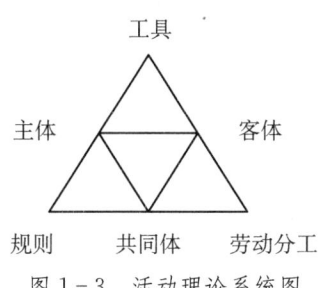

图1-3 活动理论系统图

我们将结合教育领域来分析活动理论在幼儿运动活动中的应用。

◎ 主体(subject):在活动设计中,主体即为幼儿,活动理论中对主体的分析也是对学习者即幼儿的分析,其要求教师在进行运动活动设计时充分把握幼儿的实际发展情况和兴趣需要,这有利于教师在设计活动方案时给出合理的活动目标,并采用适合的方式进行活动组织。

我园教师在进行分解和设计运动教育方案前就以交叉彻查的方式,对幼儿日常的运动情况、语言、认知等各方面进行了观察记录和分析,掌握了幼儿目前各方面发展的实际情况。

◎ 客体(object):活动设计中,客体即活动目标或学习目标,是主体通过一定的活动受到影响改变的东西。客体的分析与设计方向根据主体的情况因人而异,另一方面又要达到一定的要求。所以,客体既具有主观性,又具有客观性。

我园的运动教育活动形式当中,包括分层活动、分组活动等,对不同需要的幼儿设计不同的活动目的,使目的既具备一定的科学性,又能够满足所有幼儿的需要;在教学法方面,主要以分解式游戏教学法等,将活动的大目标分解为诸多的动作小目标,以分解-整合的方式引导幼儿一步一步完成目标。

◎ 共同体/群体(community):在活动设计中,活动理论的共同体是指除学习者(幼儿)自身以外的其他共同学习者,是与主体共同完成学习的参与者,即教师和其他工作人员等。共同体在整个活动过程中起重要的作用,有时为引导,有时为参与,为主体提供其所需要的资源和资助。

在进行运动教育的活动中,我园教师始终以引导者、参与者的角色进入幼儿的运动活动,在介入指导或引导时注重给予幼儿充分探索的时间和空间,抓准介入的时机。

◎ 工具(tool):活动理论中的工具在活动设计中可以理解为活动环境,包括活动过程中所要使用的硬件和软件。其中,活动中所使用的材料等为硬件,活动时的人际关系、活动氛围等为软件。

红岩幼儿园是一所百年健康教育特色幼儿园,拥有多样的运动活动室内室外场地,配备了科学的运动器械、器材,自制了适合各年龄段幼儿使用的运动材料,同时在进行运动活动时教师也会为幼儿创造轻松、快乐的游戏氛围,并以相匹配的游戏情景引导幼儿进入活动中来。

◎ 规则(rule):规则是用来协调主体与客体的,是活动过程中的一种制约和约定。如,在活动中,幼儿要听从老师的安排,必须遵守活动的规则等。

在幼儿运动教育活动中显然也存在着一定的规则需要幼儿去遵守,但幼儿无法主动地、像大人般地遵守规则,而只能在依靠教师所创建的游戏情景引导其进入游戏,在一定情景中扮演一定的游戏角色,并主动地将游戏的规则内化,达到自觉地遵守。

◎ 劳动分工(division of labor):在活动过程中,不同的成员都须要完成不同的任务,以使活动能够正常地开展下去。

正如在幼儿运动活动中幼儿、教师、保育老师各有不同分工一样:幼儿是活动的学习者、练习者;教师是运动活动的组织者、推进者、幼儿学习的引导者;保育老师则是老师组织活动的配合者、幼儿活动过程中身体状态的维护者。

活动理论强调各要素之间的相互支持和相互融合,所有要素整合起来才能保证活动的顺利开展,保证活动目标的顺利达成。以活动理论为基础恰恰也为我们教师在设计运动教育活动时提供了必要的理论依据,让他们在设计活动时能够依据活动理论将活动开展所要遇到的问题一一考虑。

2. 社会学习理论

所谓社会学习理论,班杜拉认为是探讨个人的认知、行为与环境三者及其交互作用对人类行为的影响。其学习理论主要包括以下四个方面。

◎ 强调观察学习在人类行为获得中所起的作用。人的多数行为是观察别人的行为和行为结果而学习到的。依靠观察学习可以迅速掌握大量的行为模式。

◎ 重视榜样的作用。人的行为可以通过观察学习的过程获得,但是获得什么样的行为以及行为的表现如何,则有赖于榜样的作用。榜样是否有魅力、是否有奖赏、榜样行为的复杂程度、榜样行为的结果以及榜样与观察者的人际关系都会影响观察者的行为表现。

◎ 强调自我调节的作用。人的行为不仅受外界行为结果的影响,更重要的是受自我行为引发的结果的影响,即自我调节的影响。自我调节主要是通过设目标、自我评价,从而引发动机功能来引发行为的。

◎ 主张奖励较高的自信心。它决定了一个人是否愿意面对困难、应对困难

的能力以及个体面对困难的持久性。

总而言之,社会学习理论重视榜样的作用,强调个人对行为的自我调节,主张建立较高的自信心,这恰恰也为幼儿园教师在组织运动教育活动时提供了必要的参考。在组织运动活动前,我们强调提高所有执教教师的运动能力,使教师在组织运动教育活动时能够给予幼儿更加准确的动作示范,让幼儿通过观察初步构建该项动作的整体印象,能够通过观察进行学习;在组织活动时以"小榜样""小老师"的模式引导其他幼儿跟着小榜样学习,引导所有幼儿争当小榜样,同时强调教师主要以正面引导为主,让幼儿在运动活动中建立内在的自信心和对该项活动的喜爱和遇到困难主动解决的决心。

3. 建构主义理论

建构主义学习观强调教师应帮助幼儿理解当前学习内容所反映出的性质、规律以及它们之间的联系,让幼儿通过不断地建构掌握学习内容。

建构主义学习观认为,学习是学习者自己建构知识的过程。学习者不是简单被动地接受信息,而是主动地建构知识的意义。学习是学习者根据自己的经验背景,对外部信息进行主动地选择、加工和处理,对所接收到的信息进行解释。个人头脑中已有的知识经验不同,调动的知识经验相异,对所接收到的信息的解释就不同。

其教育观认为,教学不能无视学习者已有的知识经验,不能简单地、强硬地从外部对学习者实施知识的"填灌",而是应该把学习者原有的知识经验作为新知识的生长点,引导学习者从原有的知识经验中,主动建构新的知识经验。教学不是知识的传递,而是知识的处理和转换。教师和学生、学生与学生之间,需要共同针对某些问题进行探索,并在探索的过程中相互交流和质疑。[①]

分解式游戏教学模式实际上就是一种建构,不管是对动作本身的分解还是对活动难度的分解,或是对于活动步骤的分解(在实践篇中会进行详细的阐述),都是为了给幼儿提供建构,提供支架,使幼儿在支架的引导下逐步掌握动作和整体运动。例如,对于某一复杂动作的学习,分解式游戏教学模式恰好能够通过分解游戏让幼儿领悟各个动作的要领与步骤,一步一步建构复杂动作的分步要领,从而掌握整个动作。

4. 最近发展区理论

社会文化历史学派的创始人维果茨基提出了"最近发展区"理论,他认为在确定发展与教学的可能关系时,要使教育对儿童的发展起主导和促进作用,就必须确立儿童发展的两种水平:一是其已经达到的发展水平,表现为儿童能够独

---

① 李方. 教育知识与能力[M]. 北京:高等教育出版社,2011:11.

立解决问题的水平；二是他可能达到的发展水平，但要借成人的帮助，才能达到解决问题的水平。

红岩幼儿园所建构的模式强调先把握幼儿对动作的掌控水平（即幼儿发展的现有水平），了解幼儿对动作掌控的不足，并针对"不足"进行动作分解或难度分解，设计相应的游戏，最终运用分解与整合游戏不断提高幼儿的动作水平（即第二种水平）。

三、幼儿运动·分解活动的原则

为了实现幼儿运动·分解活动的有效开展,教师必须有目的、有计划地安排和组织一系列的运动教育活动。如何使所有运动活动都适合所有幼儿?如何恰当、适度地采用分解式游戏教学模式?如何继续提升幼儿园园本特色的发展,秉承"健康小使者,责任新公民"的办园目标?红岩幼儿园在活动设计和组织时遵循了以下四个原则:日常性原则、适量性原则、多样性原则、规律性原则。

(一) 日常性原则

相信在幼儿园中,不管是运动活动还是其他领域活动都应该遵守日常性原则。日常性原则强调:幼儿运动·分解活动的时间应该合理地安排在幼儿每日的幼儿园生活当中。要遵循这一基本原则,必须注意以下两点。

1. 强调每日都有适当的运动活动

《3—6岁儿童学习与发展指南》中明确指出"每天为幼儿安排不少于两小时的户外活动,其中体育活动时间不少于1小时,季节交替时要坚持"。从锻炼身体的特点来看,也只有每天坚持不断地参加运动活动,才能达到提高幼儿运动水平、增强幼儿体质的目的。同时,让幼儿每天都进行适量的运动活动,也能激发幼儿愉快、积极的情绪,让幼儿在愉快的运动游戏中健康成长。

2. 注意一日活动的动静交替

幼儿的精力相对旺盛,为了避免幼儿在幼儿园一日活动过于疲劳,教师在一日活动的安排中应该注意活动的动静交替,即在安静活动,尤其是智力活动后应该安排运动活动;或在运动活动结束后安排一些较安静的活动。

表1-1 红岩幼儿园大班一周活动安排表

	上　午	下　午
星期一	仿编诗歌:梦里的小溪(与"美术:奇妙的大街"分组) 运动活动:小汽车接力赛(跑) 活动区:美工区	仿编诗歌:梦里的小溪(与"美术:奇妙的大街"分组) 运动活动:谁的小球(抛接) 智力游戏:猜猜我是谁

（续表）

	上　午	下　午
星期二	语言活动：上路了，神奇的工具 运动活动：小猎人（投掷） 活动区：科学角	健康活动：交通安全我知道 球类游戏：花式拍球（难度分解） 结构游戏：各式各样的工具
星期三	数学活动：数数算算（1） 运动活动：跳绳比赛 活动区：益智区	艺术活动：孤独的牧羊人 全园体能活动
星期四	科学活动：跟我上太空（与"艺术欣赏：洗手歌"分组） 运动活动：大型玩具 活动区：阅读区	科学活动：跟我上太空（与"艺术欣赏：洗手歌"分组） 平衡：奇妙的小桥（难度分解） 角色游戏：小导游
星期五	社会活动：交通标志小达人 运动活动：助跑跨跳（分解） 活动区：美工区	数学活动：数数算算（2） 民间运动游戏：老鹰捉小鸡 娱乐游戏：动画城

从表1－1中可以看出我园在运动活动以及其他活动上的安排。除了早操活动，我园上下午均为幼儿安排了一定时间的运动活动，保障了幼儿每天的运动量。同时，每半日活动当中，都保证了幼儿的认知活动（或艺术活动等）、运动活动（消耗体力较大的活动）、区域游戏活动（较安静的活动），让幼儿能够"静—动—静"不断转换，注重了幼儿活动的动静交替。

（二）适量性原则

适量性原则强调运动活动应该保证适宜的运动负荷。运动负荷就是我们常说的"活动量"，主要指运动中人多承受的生理负荷量。活动量的大小直接影响幼儿身体的生长与发展。活动量过小，达不到学习、锻炼和增强身体体质的目的；活动量过大，则会超出幼儿身体所能承受的范围，反而会有损幼儿的身体健康。

适量性原则要求教师在组织运动活动时掌控好幼儿的活动量，这也促进我们进一步去掌握影响幼儿活动量的主要因素，即运动的数量、运动的时间、运动的强度、运动的密度以及运动项目的特点，介于易观察、易评价的特点，我们在组织运动教育活动时主要关注以下四点。

◎ 运动的数量

这是指幼儿运动的次数以及距离等，比如幼儿跑步距离越长、连续跳跃的次数越多，幼儿的活动量也就相对越大。

◎ 运动的时间

这是指幼儿运动所持续时间的长短,如幼儿进行运动活动的时间越长,其活动量也就越大。

◎ 运动的密度

这是指在一次运动活动中,幼儿身体实际练习时间与活动总时间的百分比,其公式如下:

$$运动的密度 = \frac{身体实际运动的时间之和}{运动活动的总时间} \times 100\%$$

运动的密度虽然需要用公式进行计算,但该公式较简单,时间也较好计算,所以在进行运动活动中,教师可以通过时间来判断幼儿的运动密度。

◎ 运动项目的特点

不同的运动项目对身体不同部位的影响是不一样的,其所引发的活动量也不一样。如跑和跳跃运动,幼儿下肢肌肉的负担较大,从幼儿的呼吸、心跳等就能判断幼儿的活动量;投掷,对幼儿上肢手臂肌肉的负担较大,但活动量相对较小。所以,在分析幼儿运动活动的活动量时也应该考虑到不同运动项目活动对幼儿身体的具体影响。

总之,影响幼儿运动活动的活动量因素之间是相互联系、相互作用的,我园教师在进行运动活动时充分把握幼儿的活动量,使活动量由小到较大,然后再由较大到小,并且能够注意互动中的动与静、急与缓的交替,使运动活动具有一定的节奏性。

(三) 多样性原则

多样性原则旨在要求教师在设计和组织运动活动时做到运动项目的多样性、组织形式的多样性以及教学方法的多样性。

◎ 运动项目的多样性

走、跑、跳、投、钻、爬等多类运动项目都是幼儿应该掌握并进行练习的。同时,每一类运动项目下属可分为多个单独的运动活动,如"跳"下属可分为单脚跳、立定跳远、跳绳、助跑跨跳等,而幼儿需要在何时开始接触何种动作、何时进行合作运动活动也是需要探索和考量的。为此,红岩幼儿园在专家的引领下以及多年运动健康教育的经验总结下,拟定了健康-运动教育能力体系(详见实践篇)。

◎ 组织形式的多样性

在同一个班级中,不同幼儿对于不同运动活动的吸收度以及关注点都不一样,同时每个幼儿的运动和发展水平都不同,这就要求教师在组织运动活动时需要采用不同的组织形式。除了常规的集中形式外,可以融入分组活动、个别关注指导、分层指导活动等,让班级每一位幼儿都能在运动活动中得到一定的发展。

◎ 教学方法的多样性

教学方法是教学过程中教师与幼儿为实现教学目的和教学任务要求,在教学活动中采用的行为方式的总称。它体现了特定的教育教学价值观念,也会受到具体教学形式的影响和制约。

在我园的运动活动中,除了幼儿教育常用的游戏法外,还有本次主要分享的"分解式游戏教学法",在实践篇中也将对分解式游戏教学法及模式进行详细的介绍。不管是运动教育还是其他领域教育,可以采用的方法都是多种多样的,幼儿园和执教教师都会根据幼儿和活动本身采用适宜的教育方法。

(四) 规律性原则

蒙台梭利教育思想中强调幼儿发展各阶段的关键期,幼儿动作发展也具有自己的关键期。这就要求在进行运动活动时要充分掌握幼儿动作发展的规律,明白幼儿在不同的年龄段需要掌握哪一类动作,学习哪一类动作。只有遵循了幼儿动作发展的规律才能让幼儿在运动活动中得到适宜的发展;反之则会揠苗助长,妨碍了幼儿动作的正常发展。

基于此,在设计运动活动前,我们充分把握幼儿的动作发展规律,并在专家引领下总结拟定了本园幼儿运动发展能力体系,梳理了每个年龄段需要掌握的动作,这也为教师在设计和组织运动活动时提供了必要的生理依据。

实践篇

　　红岩幼儿园自 1905 年建园起，已有百余年的历史，自二十世纪九十年代起，幼儿园就将健康教育作为园本教研研究重点。作为一所健康教育特色园，幼儿园在运动教育方面已经积累了丰富的经验和研究成果，近三年来借助对"分解式游戏教学模式"实践研究的契机，幼儿园开始着手将该模式运用在运动活动的实践中，并经过三年的实践探索与总结，形成了包括理念、目标、内容与实施、保障、评价在内的分解式游戏教学模式。

一、分解式游戏教学模式的理念

首先,分解式游戏教学模式是基于本书"理论篇"中所提到的心理学和教育学理论基础上所拟定和实施的。这是作为从理论上探讨模式所必须遵从的理念。

其次,教师在采用模式进行实践活动时,还须遵从以下三个理念:

(一) 园本理念

作为在幼儿教育活动中所运用的一种教育方法、一类教育模式,分解式游戏教学模式必须符合幼儿园的办园理念,即"立红岩心,育健康人"。红岩幼儿园的办园理念既围绕园本特色,又体现了幼儿园的培养目标,在该理念的引导下实施分解式游戏教学模式能够为实践指明方向,明确目标,保障模式的科学运行。

(二) 游戏理念

在幼儿园中,无论是运动活动还是其他领域的集中活动都必须也应当以游戏作为基本形式。所以,将分解式游戏教学模式投入到幼儿的运动活动也应当遵从"游戏"的理念。在所有分解的运动活动中,不管是体能的练习还是动作的训练,均以游戏为基本形式,以不同形式、不同目的的游戏来引导幼儿通过游戏进行体能和动作的练习。

(三) 分解理念

"分解"是分解式游戏教学模式在运动活动实践中最核心的概念。在实践研究期间,幼儿园在专家的引领和指导下对所需要分解的动作进行分解。这个"分解"并不是通常意义上简单的拆分,而是根据每个动作的结构及幼儿的身心发展特点和发展需要进行的。

经过探讨和专家的引领,红岩幼儿园对动作分解教学的形式,即如何进行分解进行整理和总结,包括以下四种分解方式。

1. 按动作技术结构的顺序分解:针对动作的结构本身进行按步骤分解。如"跳绳"可分解为:单手摇绳——双手摇绳——单个跳绳——连续跳绳(整合);又如"侧身猫腰钻"可分解为:屈膝走——收拢身体——移动重心。(见图 2-1)

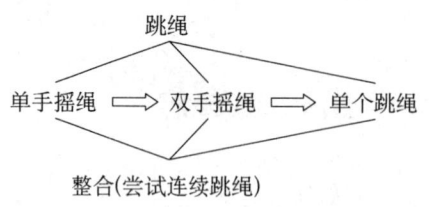

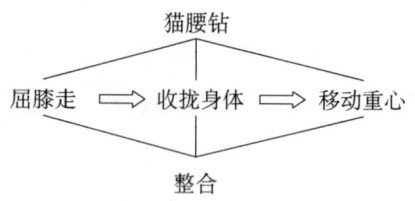

图 2-1

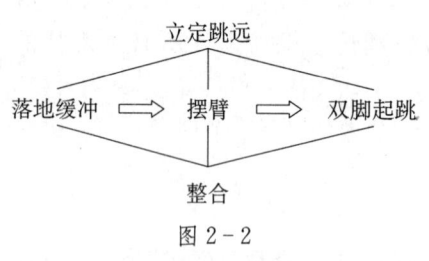

图 2-2

2. 按动作技术结构的反序分解：针对动作的结构本身进行倒推式分解，如"立定跳远"可分解为落地缓冲——摆臂——双脚起跳——立定跳远（整合）。（见图 2-2）

3. 按学习的难度分解：对动作的难度进行分解，引导幼儿由易到难地进行学习，如"助跑跨跳"可分解为跨走——跨跳——助跑跨跳平面障碍——助跑跨跳高度障碍；又如"单手肩上投"可分解为用力投——投高——又高又远（见图 2-3）。

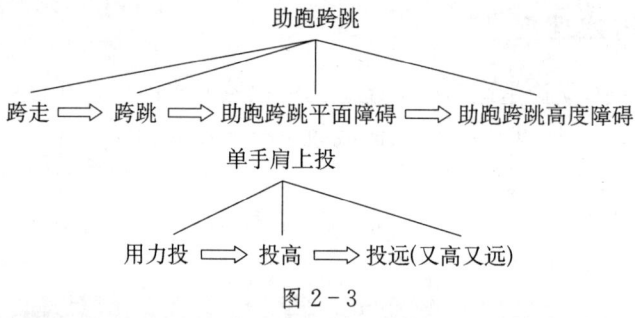

图 2-3

4. 按身体各部分的动作分解：按照幼儿学习时先上身动作后下身动作再整合的顺序进行动作的学习和练习，如早操学习时幼儿通常先学头部动作，然后学上身动作，再学下肢动作，最后整合练习。

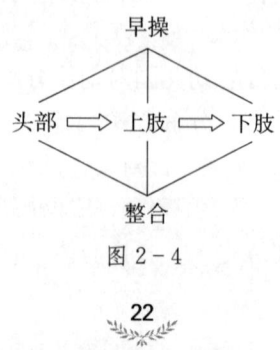

图 2-4

二、分解式游戏教学模式的目标

目标是一切教育教学活动执行的初衷和追求。分解式游戏教学模式也需要在活动目标的引领下才能更好地投入到运动活动的执行中。

分解式游戏教学模式的目标分为三级,一级目标为总目标,二级目标为年龄目标,三级目标为活动目标。

(一) 总目标

分解式游戏教学模式实施的总目标与幼儿园园本目标相一致,即培养"健康小使者,责任新公民"。

(二) 年龄目标

分解式游戏教学模式实施的年龄目标是以每个年龄段幼儿应该掌握的基本动作来拟写的。红岩幼儿园课题组建构了托小中大班每个年龄段幼儿需要掌握的目标体系,即年龄目标。据此,课题组成员和执教教师均可更好将分解式游戏教学模式运用到各年龄段幼儿的运动活动当中。

以下为红岩幼儿园课题组所拟定的3—6岁幼儿需要掌握的基本动作。课题组根据幼儿身心发展特点以及园所实际情况,列举了19项动作发展技能(编者按:这里列出其中16种。),其中包括对大型玩具和大型器械的使用。如表格中所示,该项动作需要在哪个年龄段开始练习就在该年龄段所对应的空格中打"√",如"走"这项动作在托班阶段就应该开始练习,在小、中、大班中依然开展"走"的活动,只是在难度上有所不同,所以在托班和"走"所交叉对应的空格中打"√"。同时,该表格中打"√"的也是实施分解式游戏教学模式所要求的年龄目标,即要求教师依据表格在适当的年龄段运用分解式游戏教学模式进行适宜的运动活动。

表 2 - 1

动作 \ 起始年龄段	托班	小班	中班	大班
走	√			
跑	√			

（续表）

动作 \ 起始年龄段	托班	小班	中班	大班
跳	√			
投掷	√			
抛接		√		
平衡	√			
钻	√			
爬	√			
攀		√		
滚动		√		
滚翻		√		
支撑		√		
悬垂		√		
摆荡		√		
球类	√			
旋转		√		
驾驭		√		
大型玩具	√			
大型器械	√			

根据幼儿的年龄特点,所拟定的动作(除开支撑、悬垂、摆荡)均属于类别动作,即每一项动作均有下属分支动作,课题组也将其一一列出,并同样以上述打"√"方式对应出了每项动作开始适用的年龄段。(详见表2-2)

表2-2

基本身体运动能力发展体系之——走				
	托班	小班	中班	大班
自然走	√			
踏步走		√		
足前掌走			√	
脚跟走			√	

（续表）

	托班	小班	中班	大班
脚外侧走			√	
大步走			√	
快步走			√	
半蹲走		√		
侧向走			√	√
后退走			√	√
前交叉走				√
后交叉走				√
沿直线走	√			
沿圆弧线走	√			
沿S型曲线走	√			
沿窄道走	√			
绕障碍走	√			
上下坡走	√			
上下楼梯走	√			
双手持物走		√		
拍唱走		√		
合作走		√		
越高度障碍走		√		
往返接力走		√		
迎面接力走		√		

表2-3

基本身体运动能力发展体系之二——跑

	托班	小班	中班	大班
自然跑	√			
队列跑			√	
快速跑		√		
图形跑	√			

（续表）

	托班	小班	中班	大班
侧身跑			√	
足前掌跑		√		
后退跑				√
前后交叉步跑				√
高抬腿跑			√	
持物跑	√			
合作跑			√	
绕障碍跑	√			
跨越障碍跑		√		
组合障碍跑			√	
迎面接力跑			√	
往返接力跑	√			

表 2－4

基本身体运动能力发展体系之三——跳

	托班	小班	中班	大班
双脚向前跳（双落）	√			
单脚向前跳（同脚单落）		√		
双脚向前跳（单落）		√		
单脚向前跳（双落）		√		
从上往下跳	√			
从下往上跳		√		
向左（右）跳		√		
平面障碍跳	√			
高度障碍跳	√			
分合跳		√		
跨跳		√		
助跑跨跳			√	

（续表）

	托班	小班	中班	大班
单双交替跳		√		
立定跳远			√	
跳绳			√	

表2-5

基本身体运动能力发展体系之四——投掷

	托班	小班	中班	大班
单手向前投到直径2米的圈内	√			
单手向前投远1米左右	√			
单手向上抛轻物	√			
单手向后投远1米左右	√			
单手向前投到平面直径1米的圆内		√		
单手向前投远2米左右		√		
单手向后投远1.5米左右		√		
单手向上抛轻物1米左右		√		
单手向前投到平面直径1米的圆内			√	
单手向前投到垂直直径为50厘米的圆内			√	
单手向前投远4米左右			√	
单手向后投远3米左右			√	
单手向上抛一定重量的物体			√	
单手向前投进平面直径50厘米的圆内				√
单手向前投进垂直直径50厘米的圆内				√
单手向前投远5米左右				√
单手向后投远4米左右				√

表 2-6

基本身体运动能力发展体系之五——抛接

	托班	小班	中班	大班
自己抛接气球	√			
自己抛接手绢	√			
自己抛接泡沫球		√		
自己抛接反弹皮球			√	
两人手递手传接小篮球	√			
两人抛接反弹小篮球			√	
两人抛接纸球			√	
两人抛接泡沫球			√	
两人抛接皮球			√	
两人抛接小篮球			√	
两人抛接投掷球			√	
两人抛接纸棍			√	
上述两人项目增加距离				√
上述两人项目变三人三角形进行				√

表 2-7

基本身体运动能力发展体系之六——平衡

	托班	小班	中班	大班
单脚延时站立		√		
左右脚交替延时站立		√		
闭眼脚独立			√	
两脚踩直线走	√			
两脚踩弧线走	√			
两脚踩 S 线走	√			
两脚踩 Z 线走	√			
两脚在 20 厘米各样窄道中走	√			
走绳路		√		
走地上窄木板平衡木	√			

（续表）

	托班	小班	中班	大班
走过宽 20 厘米高 20 厘米的平衡木		√		
走过宽 15 厘米、高 20 厘米的平衡木			√	
走过宽 10 厘米、高 10 厘米的平衡木				√
跨过平衡木上线性障碍（如横线）		√		
跨过平衡木上两条线划出的距离障碍		√		
走上述有不同距离间断的平衡木			√	
两人宽桥上换位				√
走梅花桩			√	
转圈后停稳		√		
转圈中按指示要求停稳后沿直线前行			√	
转圈后单脚立				√
踩圆筒高跷			√	
正面走过跷跷板			√	
侧身走过跷跷板				√
后退走过跷跷板				√
双人合作相对持物走过平衡木			√	
持物走过高 10 厘米、宽 15 厘米的平衡木		√		
持物走过高 20 厘米、宽 10 厘米的平衡木			√	

表 2-8

基本身体运动能力发展体系之七——钻

	托班	小班	中班	大班
正面猫腰钻过	√			
侧面猫腰钻过	√			
后退猫腰钻过		√		
手脚膝正面爬行钻过	√			

（续表）

	托班	小班	中班	大班
手脚膝后退爬行钻过		√		
手脚爬行正面钻过		√		
手脚爬行侧面钻过		√		
手脚爬行后退钻过			√	
钻圈				√
正面爬行钻过			√	
侧面猫腰钻过			√	
后退爬行钻过			√	
从下往上钻圈				√
向上爬行钻过				√
脚先进向下爬行过				√

表2-9

基本身体运动能力发展体系之八——爬

	托班	小班	中班	大班
手脚膝正面直线爬行	√			
手脚膝正面曲线爬行	√			
手脚膝后退直线爬行		√		
手脚膝后退曲线爬行		√		
手脚正面直线爬行		√		
手脚正面曲线爬行		√		
手脚后退直线爬行			√	
手脚后退曲线爬行			√	
正面匍匐爬			√	
侧面匍匐爬				√
后退匍匐爬				√
仰身手脚着地爬				√
肘膝着地爬			√	
并手并膝爬			√	
多人协同爬			√	

表 2－10

基本身体运动能力发展体系之九——攀

	托班	小班	中班	大班
登楼梯	√			
登斜坡	√			
登软垫	√			
攀攀登架(60度以内)		√		
攀攀登架(90度)			√	
攀三角岩(60度以内)		√		
攀岩(90度)				√

表 2－11

基本身体运动能力发展体系之十——滚动

	托班	小班	中班	大班
向前滚动	√			
向后滚动		√		
左右滚动		√		
持物滚动			√	
团身滚动				√
桌上来回滚动				√
斜面滚动			√	
直线滚动			√	
曲线滚动			√	

表 2－12

基本身体运动能力发展体系之十一——滚翻

	托班	小班	中班	大班
侧滚翻		√		
前滚翻				√
胸前抱臂侧滚翻				√
头顶抱球侧滚翻				√

表 2 - 13

基本身体运动能力发展体系之十二——球类

	托班	小班	中班	大班
拍球		√		
双手交替拍球			√	
拍球过障碍			√	
抛接球(单方向)		√		
抛接球(双方向)			√	
滚球(单方向)	√			
滚球(两人合作)		√		
滚球(多人合作)			√	
投篮			√	
踢球		√		
运球	√			
运球过障碍			√	
在一定高度上运球			√	
传球	√			

表 2 - 14

基本身体运动发展体系之十三——驾驭

	托班	小班	中班	大班
摇摇椅	√			
骑小马(塑料或木质)		√		
骑高马(塑料或木质)			√	
开玩具汽车	√			
骑脚踏三轮车		√		

表 2 - 15

基本身体运动能力发展体系之十四——大型玩具

	托班	小班	中班	大班
拖拉玩具	√			

（续表）

	托班	小班	中班	大班
户外大型玩具	√			
篮筐			√	
沙池	√			
三轮车		√		
四轮车	√			
扭扭车		√		
推推车			√	
踏板车				√

表 2-16

基本身体运动能力发展体系之十五——大型器械

	托班	小班	中班	大班
坦克履带			√	
双人脚板				√
跳跳马			√	
自制木马		√		
轮滑板			√	
钻筒	√			
木制平衡木		√		
圆平衡木		√		
梅花桩	√			
单人摇椅	√			
塑料圈		√		
铁钻圈			√	
平直平衡木	√			
带幅度平衡木		√		
轮胎		√		

（三） 活动目标

分解式游戏教学模式的活动目标是指存在于具体活动当中的目标（详见"内容与实施"板块中具体活动方案）。活动目标在分解式游戏教学模式的整体目标当中属于下位目标，但也是最具体、最具有操作性的，它直接决定了分解式教学法在活动中的运用程度以及运用方式等。

三、分解式游戏教学模式的内容与实施

通过运动活动教学实践,课题组总结了分解式游戏教学法的运动教案。在不同的活动中,教师们所运用的分解法的顺序也不尽相同,大致可以分为以下三种:

1. 分进式

如图 2-5 所示,分进式是指将动作的各段按一定顺序逐段练习后,再全部连接起来完整地进行练习。

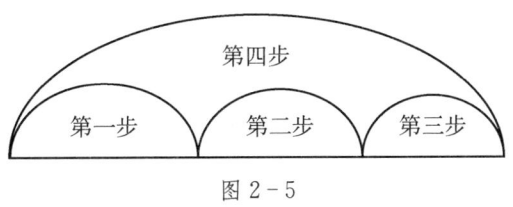

图 2-5

2. 连进式

如图 2-6 所示,连进式是指先练习第一段;第二步是将第一、二段连接练习;第三步是将第一、二、三段连接练习。如此相连,直至最后完整练习全部动作。

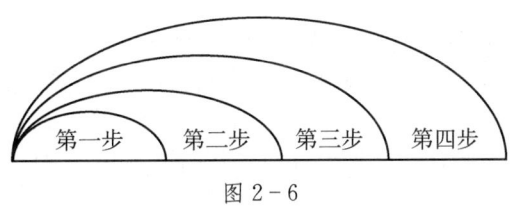

图 2-6

3. 递进式

如图 2-7 所示,递进式是第一步练习第一段;第二步练习第二段;第三步将第一、二段连接起来练习;第四步练习第三段;第五步再将前面所有连接起来练习,直至最后完整练习全部动作。

在制定分解式运动活动方案时,我们始终坚持两个原则:其一是在统一的、趣味性的游戏背景下融合分解游戏和整合游戏;其二是避免教师机械地教授动

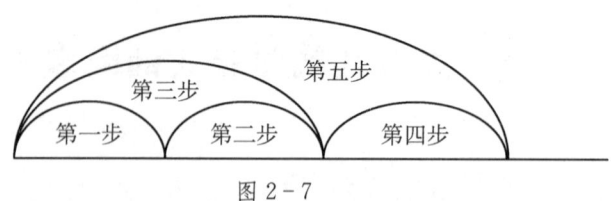

图 2-7

作,强调让动作发生在必然情景中。以这两个原则为指导,在厘清了关于动作分解的各项知识后,我们就能拟写出无穷尽的活动方案。

(一) 托班运动·分解活动案例

托班运动活动:小兔子走石路(从上往下跳)

执教教师:赵茂华

一、活动目标

1. 能勇敢参与游戏,体验从上往下的乐趣。

2. 在动作步骤分解中,体验从上往下跳的动作要领:微屈膝盖,双脚一起往下跳、一起落地。

3. 落地时知道膝盖微微弯曲,避免受伤。

二、活动准备

兔妈妈胸饰一个,兔宝宝头饰若干,萝卜若干(幼儿人数的 3 倍),场地准备(见图 2-8 情景布置图)。

音乐:《小兔跳跳跳》《亲亲猪宝贝》。

三、活动过程

(一)热身准备部分:兔妈妈兔宝宝做准备运动

师:兔宝宝们,今天妈妈要带你们去草地玩,想不想去啊?那我们一起来做做准备活动吧!

(播放歌曲《小兔跳跳跳》,宝宝练习屈膝向上跳、向前跳。)

(二)基本部分

1. 动作要领分解一:膝盖微微弯曲向前跳和原地向上跳

(1)游戏:去果园(小兔练习向前跳)。

师:我们要去果园里了,宝宝们,我们跳的时候要弯弯小膝盖,双脚一起向前跳,落地的时候也要弯弯膝盖。

(2)游戏:摘果本领练习,小兔练习向上跳。

师:兔宝宝们,果子挂得这么高怎么摘果子呢?兔妈妈要教你们一个摘果

子的本领,看好了哦:小小膝盖弯一弯,双脚一起向上跳,落地膝盖弯一弯。

2. 动作要领分解二:从上往下跳时两只脚一起跳、一起落地

(1)设置家到果园路上的障碍,幼儿自己探索回家方法。

师:宝宝们,这里怎么有这么多小石头,我们怎么回家呢?(宝宝自己尝试回家)

(2)师:兔宝宝们都回家了吗?你是怎么走过小石头的呢?哪个宝宝来试一次?

(3)小结:宝宝踩到石头上,从石头上跳下来的!我们一起来学学他的动作。(走到石头面前)小兔子踏上小石头,动作和我们在草地上跳一样:双腿膝盖弯一弯,两脚一起往下跳,小脚一起落到地,落地时候膝盖弯。

师:宝宝们都来试一试吧。

3. 动作要领分解三:落地时微微屈膝,保护腿

师:我发现有的宝宝跳下来的时候膝盖没有弯,这样很容易受伤的,那我们来比一比哪个兔宝宝本领学得好,全部站上小石头,我们再来跳一次,好不好?

师:兔宝宝们学会了吗?我们一起去摘萝卜吧!

4. 整合基本动作:小兔去外婆家,从上往下跳时要微微屈膝,双脚一起跳一起落地,落地时也要微微屈膝

(1)情景:看望兔子外婆。

师:宝宝们,我刚接到外婆的电话,外婆生病了,你们想不想去看外婆?

去外婆家的路上有很多小石头,你们能跳过小石头到外婆家吗?我们出发吧!(教师观察幼儿是否能踩上石头协调地从上往下跳)

(2)任务:给兔外婆送萝卜。

师:外婆生病了,不能动了,没有吃的。我们回家把家里的萝卜拿来送给外婆吧。(幼儿按原路线返回家,每次取一个萝卜,再按照原路线送到外婆家。教师在此过程中观察幼儿的基本动作,给予个别指导)

(3)兔宝宝原路跳回家,再次拿萝卜,反复练习两到三遍。

(三)结束部分

师:宝宝们,累了吗,我们随着音乐放松身体吧!

四、附情景布置图

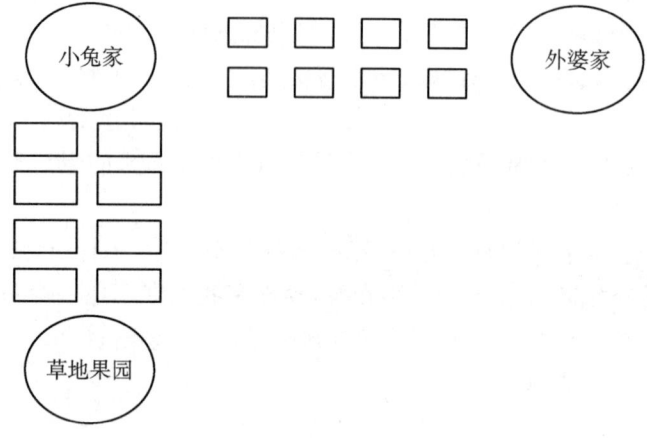

图 2-8

托班运动活动：有趣的小路(平衡)

执教教师：陈彦妮

一、活动目标

1. 体验走不同小路的乐趣。

2. 分解练习不同难度的平衡走,提高平衡能力。

3. 会排队一个接着一个走。

二、活动准备

长绳子两条、脚印若干个、低矮梅花桩若干、一封信;场地布置见图 2-9。

小白兔的家　　　　　　　　　草地

长绳子路2条　　　　　　　　梅花桩路2条

平面脚印路2条

图 2-9

三、活动过程

（一）准备活动：神奇变变变

老师带领幼儿随着早操音乐跑在圆圈上，音乐停，则做一个单脚站立的动作，如大公鸡、飞机、火箭炮、猴子、丹顶鹤等。

师：变变变，变成大公鸡；变变变，变成猴子；……

（二）游戏：有趣的小路

1. "读信"引出活动

师：宝宝们你们看，老师这里有一封信呢，你们猜猜是谁寄来的？我们打开看看。原来是小白兔想请我们到森林里帮它搬萝卜，你们愿意帮助它吗？那我们一起出发吧。

2. 分解难度一——走绳子小路

（1）请幼儿独自探索走小路。

师：瞧，这是什么路，我们可以怎么走呢？我请一位小朋友去试一试。

（2）集体走小路。

师：这条小路真有趣，我们一起去走走吧。可是小路只有两条，所以小朋友要相互谦让有序地一个接着一个排着队走，小白兔喜欢同守秩序的宝宝做朋友。

（3）师：刚刚我们走了这条路感觉怎么样，好玩吗。我们继续往前走吧。

3. 分解难度二——走脚印路

（1）请幼儿观察小脚印的方向，老师示范走小路。

师：宝宝们看，这里也有两条路，路上有好多小脚印，这些小脚印有什么不一样呀？瞧，它们的方向都不一样，看看老师怎么走过这条小路。

（2）幼儿自己走脚印路。

师：这条路也很有趣，你们想不想去走走，赶快排队吧。

（3）师：时间不早了，我们赶快去帮小兔子搬萝卜吧。

4. 分解难度三——走梅花桩路

（1）师：宝宝们快看，那边就是我们要搬的萝卜啦，可是这里有一条河，我们怎么过去呢？

师：我们可以踩着河中的石头过去，你们真是太聪明了。

（2）老师示范走梅花桩。

师：宝宝们的脚要踩准石头，身体要保持平衡，不要摇晃，不要掉到河里。走的时候要排队，一个走过几块石头后，另一个才开始走，不要接得太紧了，否则容易掉进河里。

（3）组织幼儿排队一个接着一个过河。

师：我们一人拿一个萝卜，还有的小朋友没过来，我们给他们加油！

5. 巩固练习平衡走——给小兔送萝卜

师：我们终于找到萝卜了，现在我们帮小兔子把萝卜搬回去吧。

引导幼儿每人拿两个萝卜，按照路径将萝卜送到小白兔家里，可多次运送。

（三）放松活动

老师带领幼儿随着《虫儿飞》的音乐放松腿部、腰腹、手臂等部位。

师：宝宝们，今天我们帮助小兔子搬了萝卜，真棒！我们一起来放松下身体吧，抖抖腿、捏捏腿、扭扭腰、拍拍肩膀，像蝴蝶一样飞一飞。

托班运动活动：小乌龟快快爬（手膝爬行）

执教教师：李春梅

一、活动目标

1. 愿意参加钻爬游戏，体验小乌龟拾果子的快乐。

2. 能听老师的指令或在游戏情景中进行难度分解，变换速度爬。

3. 能遵守规则，不推不挤。

二、活动准备

小乌龟胸饰每人一个，"乌龟的家"图片，"大灰狼的家"图片，垫子。

音乐准备：准备音乐、打雷下雨的音乐、放松音乐。

三、活动过程

（一）准备活动，激发活动兴趣（播放准备音乐）

教师："小乌龟们，我们一起来活动活动身体吧。"

教师随着音乐引导孩子活动四肢。

（二）难度分解：变换速度爬

1. 教师以儿歌的形式指导孩子自由爬

教师："今天天气真好，我们爬到外面去散散步吧。"

教师："小乌龟，真可爱，眼睛向着前面看，小乌龟，真能干，手膝着地向前爬。你不推我不挤，一个接着一个爬。"

2. 情景设置：打雷下雨。引导幼儿快快爬回家

教师："下雨了，我们快快爬回家躲雨吧。"

教师："刚才小乌龟爬得可真快，你们是怎么爬的？"（请一个幼儿来示范快快爬）"我们一起来学一学吧，先双膝跪在地上，然后加上手的动作，手脚交替爬，我们就能快快爬了。"

教师:"在生活中,有时需要我们变换速度爬,有时需要慢慢爬,有时需要快快爬。我们一起来练习一下这个本领吧。"

3. 幼儿听老师的口令快快爬或慢慢爬

教师:"小乌龟快快爬""慢慢爬""原地转圈爬"。

4. 情景设置:小乌龟捡果子(配班老师扮演大灰狼,保育老师准备"果子"和"大灰狼的家"图片)

(1)大灰狼睡觉,小乌龟慢慢爬经过大灰狼的家。

教师:"我现在肚子好饿呀,可是果子在小路的那一边,路边有大灰狼正在睡觉,我们要怎么做才能不吵醒大灰狼呢?"(慢慢爬)

(2)交代游戏要求。

教师:"去捡果子时要经过两条小路,要慢慢爬,不要吵醒大灰狼。捡到果子以后要快快爬回来,然后又去捡果子。"

(三)放松活动

教师:"小乌龟们,你们真棒,能够快快爬和慢慢爬。现在我们一起吃果子吧。"

教师引导幼儿做放松动作。

托班运动活动:小猫请客(平衡)

执教教师:胡凤

一、活动目标

1. 练习在高低不一的平衡木(板)上持物平稳通过。

2. 具有初步胆量进行平衡木(板)上的游戏。

3. 乐于参加平衡游戏。

二、活动准备

1. 平衡木、平衡板、小鱼若干,水、桶(3个),人手一个杯子。

2. 音乐:准备音乐《三只熊》;放松音乐《小白船》。

3. 经验:鱼要在水里才能畅快呼吸。

4. 场地布置:见图2-10。

三、活动过程

(一)准备活动:模拟动作,活动身体,引出主题

师:今天我们来变魔术,变变变!

师:小熊宝宝们,和妈妈一起来唱歌跳舞。

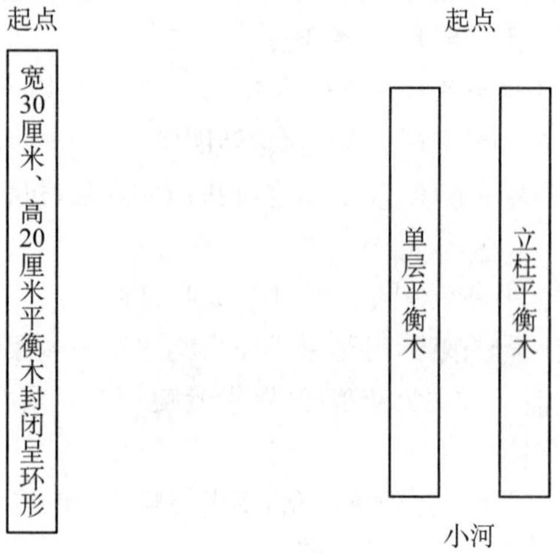

起点　　　　　　　　　起点

宽30厘米、高20厘米平衡木封闭呈环形

单层平衡木　　立柱平衡木

小河

图 2－10

（二）基本活动

1. 分解难度一：走环形平衡木,练习从宽而矮的平衡木上空手平稳通过

师：今天小猫过生日,待会儿我们去钓鱼送给他吧。

师：我们先换衣服,打扮一下自己(原地转 3 圈,单脚立,摆造型)。

师：哪里的小鱼最多呢? 我们先围着小河转一转,找一找。

(老师指导不敢走的幼儿,配班老师待大多数幼儿转 2 圈之后在起始地对面撒鱼,同时将平衡板摆成两条平行线。)

师：(小结点评)刚才某某宝贝儿大胆地找到了小鱼,不怕掉到河里,很勇敢!

2. 分解难度二：自选单层平衡板和立柱平衡木往返走,练习持很轻的物品从窄而矮的平衡板上平稳通过(每人两条小鱼)

师：呀,小鱼听到我们的脚步声都藏到了对面的岸边了,我们从红色小桥上走到对面去捉一条小鱼,从蓝色小桥走回来把小鱼放到桶里。

师：小河里藏着大鳄鱼,我们的小脚踩到河里有可能被大鳄鱼吃掉,所以大家过小桥时一定要小心,不能踩到河里去了。

(老师指导走得不稳的幼儿,配班老师扮大鳄鱼观察踩到河里的幼儿激发兴趣。)

师：刚才小熊宝宝拿着鱼是怎么走回来的? 请一个小熊宝宝试一试。

师：(小结点评)双手打开,小脚一前一后交替向前走,就会稳稳走过小桥,不怕大鳄鱼了。

3. 分解难度三：自选单层平衡板和立柱平衡木往返走,练习持水从较窄较高的平衡板上平稳通过

师:糟了,我看见桶里的鱼呼吸困难。呀! 原来是没有水了呀!

师:猫妈妈已经在家里准备好了可以让小鱼游泳的水,我们用水杯到猫妈妈家运点水到桶里吧。

师:大鳄鱼随时都可能出来,我们从红色小桥过去,再从蓝色小桥回来,千万不要掉到河里了!

(老师指导水洒掉较多的幼儿,保育员老师负责检查幼儿的装水情况,不能太满。)

4. 游戏:送小鱼

师:小鱼都活过来了,我们一起跟着妈妈去小猫家吧。

(三)放松活动

托班运动活动:帮助小猪(单手向前投)

执教教师:徐文婷

一、活动目标

1. 在分解动作中学习自然挥臂向指定区域投掷,动作灵活。

2. 能在分解环节中自觉遵守游戏规则。

3. 乐意进行投掷,并情绪愉快。

二、活动准备

大灰狼图片,小猪图片,布包若干,软垫和木头围成空地,篮子,音乐。

场地布置见图 2-11。

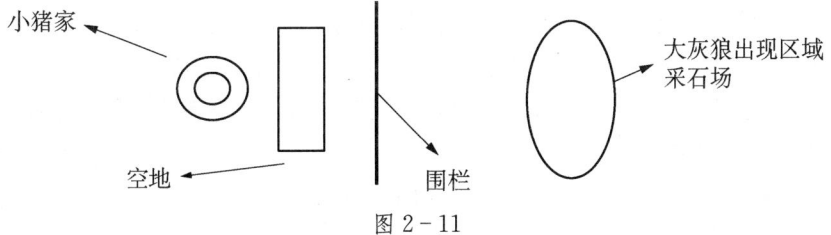

图 2-11

三、活动过程

(一)准备活动:播放音乐,教师带幼儿活动全身,重点活动手臂关节

1. 分解难度一:游戏——石头送小猪(投)

玩法:(1)情景引入——小猪准备用石头盖一座房子,可是它发现石头不够

了,须请小朋友们帮它捡石头,放到空地上,这样小猪就能用石头盖房子啦。

(2) 介绍玩法:小猪不在家,宝贝们从采石场找到石头,扔到小猪家门前的空地上吧!(以软垫拼成一个大长方形空地)

(3) 要求:不要超过围栏,由围栏外面朝里面扔,看谁扔的石头最多、最遵守规则。(保育老师将幼儿扔过来的石头捡进篮子里)

2. 分解难度二:游戏——保卫小猪的家(投中)

玩法:(1) 情景创设:小猪(配班老师)回来了,看到宝贝们帮忙捡了这么多的石头,可高兴啦!连忙谢谢你们,并请宝贝们到家里去玩。这时大灰狼(保育老师)听说小猪要盖房子,所以想来吃掉小猪,小朋友们帮小猪赶走大灰狼吧!

(2) 介绍玩法:幼儿在小猪房子里以围栏为界限,用刚刚捡来的石头扔大灰狼。被打中了,大灰狼就后退几步;没打中,大灰狼向前进。反复进行,直到石头丢完,大灰狼被打跑。

(3) 要求:不能走出围栏,不然会被大灰狼捉住。(注:布包少可重复进行一次。另外,幼儿还可以邀请周围老师帮忙保护小猪的家)

3. 分解难度三:游戏——再次帮小猪捡石头

玩法:同游戏一和游戏二。

4. 放松活动

老师带幼儿随着音乐做放松活动。

托班运动活动:小猪历险记(手膝爬行)

执教教师:周莹

一、活动目标

1. 进行不同难度手脚膝盖爬行:能双手双膝着地在直行窄道上快速往前爬;能在平衡木上平稳往前爬;能在"Z"字形窄道上灵活向前爬。

2. 积极参与活动,感受游戏的快乐及与同伴合作的乐趣,体验成功的喜悦。

二、活动准备

1. 用小泡沫垫、平衡木以及小拱门布置的游戏现场(如图 2 - 12 和图 2 - 13),以供幼儿完成三次不同的爬行练习。

2. 小布包、由配班老师扮演的大灰狼。

3. 音乐:狼的叫声、《小猪操》、欢乐背景音乐、《胡桃夹子——糖果仙子舞曲》《左手右手》。

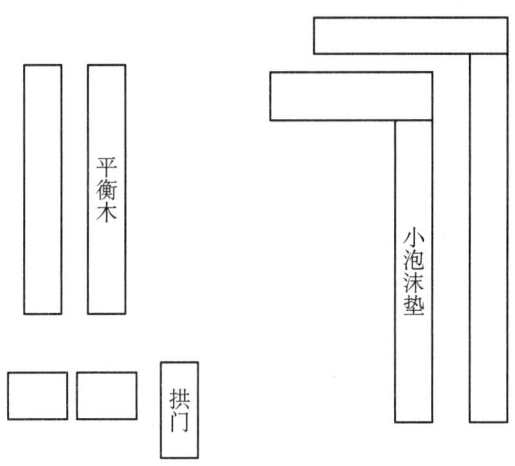

图 2-12　供幼儿完成前两次难度爬行练习

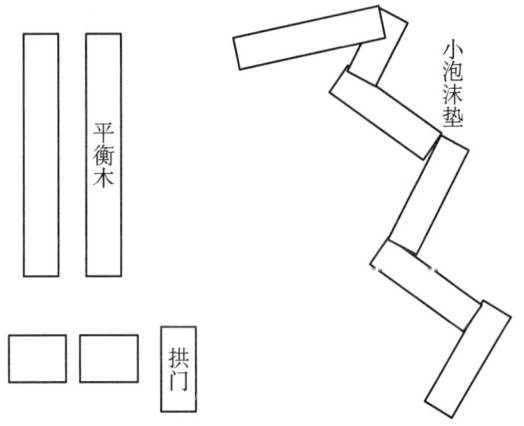

图 2-13　将图 2-12 中直行泡沫垫改为"Z"字型，
供幼儿完成第三次难度爬行

三、活动过程

（一）准备活动

1. 活动四肢

师：小猪宝宝们，刚才我们吃了点心，唱了歌，现在我们一起来活动活动身体，跟着妈妈一起来跳跳我们的《小猪操》。

播放《小猪操》音乐，教师带领幼儿跟着音乐一起做小猪操。

（《小猪操》是幼儿喜欢的歌曲，伴随歌曲有扭头、下蹲、垫脚、扭屁股等动作，能使幼儿在歌曲中逐渐活动开四肢，为爬行练习做好准备。）

2. 练习爬行动作要领

师：宝宝们，今天妈妈要教给你们一项本领，跟着妈妈一起慢慢地爬，小手、膝盖放在地上，手膝交替慢慢向前爬；快快爬，一二一二向前爬。

（此环节是一个动作要领的练习，让幼儿掌握正确的爬行姿势，为动作的协调与灵活奠定基础。）

（二）基本活动

1. 分解难度一：直行窄道爬

师：宝宝们真厉害，学会了怎样爬行，现在妈妈要带你们爬过一条窄窄的小路。看，（引导幼儿观察用小泡沫垫铺成的"窄路"）这条路又长又窄，我们要一个接一个快快地爬过去，先爬完的宝宝可以为其他宝宝加油。

（播放欢快的音乐，教师在前面爬，幼儿跟在后面一个接一个地爬，配班教师在一旁引导幼儿一个接一个快快地爬。教师爬完后，引导先爬完的幼儿为其他幼儿加油。）

2. 分解难度二：在平衡木上爬

师：宝宝们刚才表现得真棒，妈妈要好好表扬你们。（幼儿和教师都竖起大拇指相互碰一碰）

配班教师播放狼的叫声。

师：这是什么声音。哦，是大灰狼的声音，大灰狼来了，我们怎么办呢？（引导幼儿回答"躲起来"）

师：可是，我们要到哪里去躲呢？看一看，我们旁边有哪些可以躲的地方？（平衡木和小拱门很容易被幼儿察觉，所以，他们自然而然地就提出要去"山洞"躲起来）

师：山洞在小桥的另一边，那我们怎样才能去山洞呢？哦，先爬过小桥。那宝宝们在这边静静地看妈妈是怎么爬过去躲起来的。

（教师向幼儿示范爬过平衡木，钻进小拱门躲起来，教师一边爬，一边念儿歌："小手膝盖地上靠，一前一后往前爬，爬过小桥钻山洞，钻进山洞躲躲好"。）

师：宝宝们，妈妈已经躲好了，你们前面有两座小桥，自己选一座，一个接一个像妈妈一样悄悄地爬过来躲好，不要被大灰狼发现了。

（保育老师引导幼儿一个一个地爬上小桥，教师在另一边提醒幼儿静悄悄地、稳稳地爬过小桥躲起来。）

3. 分解难度三：Z字型窄道上爬

幼儿都已爬进山洞躲起来了，配班老师扮演的大灰狼走到场地中间蹲下，做睡觉的姿势。

师：现在大灰狼在那里睡觉，我们哪儿也去不了，只能悄悄地躲在这里，怎

么办呢？（引导幼儿说一说怎样把大灰狼赶跑）

师：嗯，这个主意好。妈妈知道森林里有一种果子，可以把大灰狼赶跑。我们一起去找这种武器，好不好？

师：果子藏在森林里，我们必须悄悄地爬过一条弯弯的小路才能找到果子（引导幼儿观察Z形窄道），爬的时候注意不要爬到小路外面去了，不然会被大灰狼发现的。

（教师带领幼儿悄悄地走到Z形窄道前。）

师：跟着妈妈悄悄地、快快地爬过去，不要被大灰狼发现了哦。

（播放音乐《胡桃夹子——糖果仙子舞曲》，教师爬在最前面，保育老师引导幼儿一个接一个跟在教师后面爬。）

4. 活动高潮：赶跑大灰狼

（待幼儿爬完后，教师拿出事先准备好的小布包。）

师：看，妈妈找到果子啦。待会儿，宝宝们一人拿一个果子，等大灰狼醒来后，妈妈说"一二三，扔"，我们就一起把果子扔向大灰狼，把大灰狼赶跑。

（教师将小布包分发给幼儿。待发完后由配班老师扮演的大灰狼醒了，向幼儿走来。）

师：宝宝们，准备好，一二三，扔。

（教师和幼儿均向大灰狼扔出布包，大灰狼抱头跑走了。）

师：宝宝们，我们胜利啦，把大灰狼赶跑了。（教师引导幼儿一起欢呼）

（三）放松活动

播放音乐《左手右手》，教师引导幼儿自己拍拍手臂，拍拍腿，然后和老师、同伴相互抱一抱，感受老师和同伴的爱。

师：宝宝们，大灰狼被我们赶跑了，我们现在可以回家了，来变成小火车，我们回家了。（引导幼儿排好队跟着教师回教室，活动结束）

（二）小班运动·分解活动案例

小班运动活动：小司机运货（平衡）

执教教师：陈小燕

一、活动目标

1. 愿意在不断的尝试练习中体验平衡游戏的快乐。

2. 尝试在宽10厘米的平行线和宽10厘米、高10—20厘米、难度不断增加的平衡木上双脚交替行走，保持身体平衡。

3. 会有序游戏,不推挤同伴。

二、活动准备

场地一:4 条长为 3 米的绳子组合成的两条宽 10 厘米的平行线。

场地二:高 10 厘米、宽 10 厘米、长 3 米的平衡木一条。

场地三:高 15 厘米、宽 10 厘米、长 3 米的平衡木一条。

提醒标志:6 个原点;音乐《健康操》。

三、活动过程

(一)准备活动:我是小司机

师:小朋友们,我们一起去郊游吧!幼儿随音乐活动身体!坐小汽车好玩吗?今天我们自己也来当小司机,好不好?

(二)基本部分

1. 交代任务,练习本领,过不同难度的独木桥

师:小司机们,你们的开车本领强吗?小狐狸在森林里开了一家玩具店,可是前来买玩具的小动物实在是太多了,现在小狐狸的玩具店里的玩具已经卖得差不多了,他想请能干的小司机帮助他再去运一些玩具来,你们愿意吗?不过,你们得先让我瞧瞧你们的开车本领,我请能干的小司机去运玩具!

2. 分解难度一:场地一——两条宽为 10 厘米的平行线

(1)师:可是在送玩具的路上我们会遇到很多困难,瞧!前面有两条直线路,哪位小司机能稳稳地把你的小车开过去,不踩线。

(2)个别幼儿示范,请幼儿站在指定的位置看,提醒幼儿从旁边开回来!

(3)教师根据幼儿的示范小结。(教师可以边念儿歌边示范,也可请幼儿边跟念儿歌边模仿动作)

师:小司机真能干,稳稳开车滴滴滴,双臂打平背打直,眼睛看着前下方!双脚交替一二一!

(4)幼儿分成男女组自由走直线路,教师巡回指导动作。

师:现在请男孩走蓝色路,女孩走紫色路,注意一个一个走,前面的小朋友走到原点处,后面的小朋友才能走,做一个有秩序的文明小司机!

3. 分解难度二:场地二——宽 10 厘米、高 10 厘米、长 3 米的平衡木

(1)师:小朋友们,你们开直线小路的本领学会了吗?但是,第二种路有高高的小桥,你们有信心稳稳地开过去、不摇也不晃、不让自己掉到桥下去吗?

(2)教师和幼儿一起边念儿歌边自由尝试过桥!教师鼓励能力弱的幼儿不怕困难,勇敢向前走!

师:我们一起念着过桥儿歌过独木桥吧!(小司机真能干,稳稳开车滴滴滴,双臂打平背打直,眼睛看着前下方!双脚交替一二一!)

（3）教师小结。

师：看来小司机们本领真的很强，过桥的本领你们已经学会了！不过，还有困难等着我们！

4. 分解难度三：场地三——宽10厘米、高20厘米、长3米的平衡木

（1）师：小司机们，瞧！第三种路是更高更难走的独木桥，如果你们成功地走过了这座桥，那我就请你们给小狐狸送玩具！你们有信心吗？

（2）个别幼儿示范。（请较弱幼儿示范）

师：过这座桥真的很难，怎样才能稳稳地过桥，不掉下桥？我们再来做做过桥的动作！"小司机真能干，稳稳开车滴滴滴，双臂打平背打直，眼睛看着前下方！双脚交替一二一！"

（3）幼儿自由练习，教师巡回指导。提醒幼儿动作一定要规范，稳稳地过桥。小心掉下来！鼓励个别幼儿不怕困难！勇敢过桥。

5. 不同难度的组合游戏：小司机运货

（1）介绍游戏玩法和规则。

师：小司机们，快把小车开到老师身边来！刚刚小狐狸说，你们都是能干的小司机，他非常想请你们帮他运玩具！你们有信心安全地把玩具运到小狐狸商店的篮子里吗？瞧，通往小狐狸的商店有三种不一样的路，你们可以自己选择喜欢的路给他送玩具，我们一次运一个，轮流运玩具，注意地上的原点提示，运完以后从两边回来！

（2）个别幼儿示范游戏。

教师：你想从哪条路走？

（3）幼儿自由选择线路过桥运玩具！（玩具的数量应为幼儿人数的4倍）

教师可以根据孩子的实际情况，鼓励孩子挑战有难度的过桥线路。对于个别能力较弱的孩子可以先鼓励他在平面上保持好身体的平衡后再尝试走有高度的平衡木！

（4）评价幼儿活动情况。

师：小司机们，玩具都运完了吧！小司机们忙活了这么久，大家都辛苦了！小狐狸说你们都非常能干！谢谢你们！你们真是一群热心助人的好孩子！

（三）放松活动，活动结束

教师：现在大家都累了吧！我们一起坐下来，听听音乐放松一下吧！（小司机们边听音乐边做全身放松动作）

教师：小司机们，小狐狸为了感谢大家，给大家准备了美味的水果，我们回教室去品尝吧！（回教室结束活动）

小班运动活动：投沙包（投掷）

执教教师：彭正延

一、活动目标

1. 在活动中体验通过自己的力量把沙包丢向远处的快乐。

2. 将投掷手举高、另一只手前平举保持平衡，与双脚分开、投掷手向前挥臂用力的分解动作中，掌握投沙包的姿势并用组合动作正确投掷沙包。

3. 知道投沙包时不往别人身上丢。

二、活动准备

1. 场地准备：检查活动场地有无安全隐患，并保证场地宽阔无障碍物（见图 2-14）。

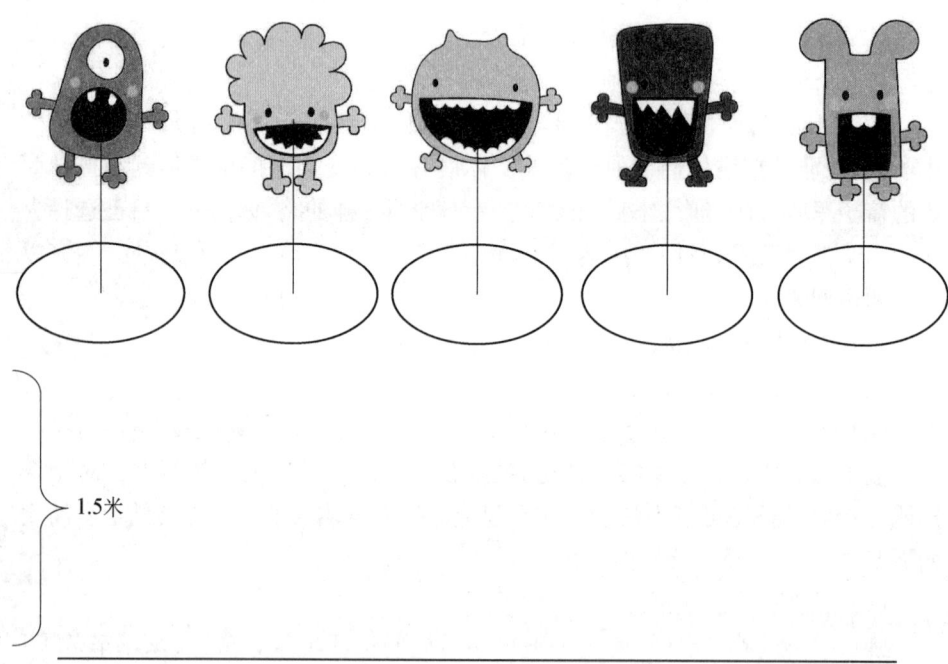

1.5米

图 2-14

2. 物质准备：沙包人手一个；万能工架组合的投掷立柱；与立柱数量匹配的小动物头像固定于立柱上。

三、活动过程

（一）准备活动：活动全身，重点活动手臂力量

师："宝宝们，学着小动物的样子，一起来锻炼身体吧。"（跟着音乐自由律动）

（二）基本活动：示范讲解规则，掌握投沙包的姿势

1. 情景导入

师："宝宝们，老师今天请来了一些动物朋友。他们啊，没有东西吃，肚子很饿，你们愿意给他们喂一些吃的吗？"

师："小动物已经张大了嘴巴，我们抓紧时间，把沙包投进他们的嘴巴里吧。"

2. 分解动作示范

（1）分解动作一：站立姿势——右手举高、左手前平举保持平衡、双脚分开宽于双肩。

师："小动物离我们有点远，我们要想办法才能成功把沙包丢进他们的嘴巴里，我找到了一个最厉害的姿势，跟着老师学一学。"

教师示范动作姿势，并对孩子的动作姿势进行观察、纠正与指导。

（2）分解动作二：投掷姿势——右手向后、曲臂缓冲，然后用力向前挥臂投掷。

师："姿势摆好，来试一试，是不是感觉自己很有力气了？"

教师引导孩子一起徒手做投掷动作，一些孩子容易用手腕的力量向下投掷，进行个别纠正指导。

（3）以分解动作进行个别幼儿示范，巩固动作技能。

师："谁来给大家摆一摆你的姿势？"

请孩子来点评：这位小朋友哪里做得好？哪个地方需要改？

3. 组合动作练习，用组合动作正确投掷沙包，在活动中体验通过自己的力量把沙包丢向远处的快乐

师："现在请小朋友们拿起你们的沙包，我们用这个厉害的姿势再来试一试，能不能把沙包投进小动物的嘴巴里。看谁投得又快又准？投沙包的时候要小心哦，不要打到其他小朋友哦。"

请幼儿自由练习投沙包，教师观察指导，重点指导：

（1）强调正确的站立姿势和投掷姿势；

（2）捡沙包时退到后面从旁边去捡；

（3）不能往别人身上投沙包。

4. 小结游戏经验，巩固动作技能与游戏规则

师："你们把沙包成功投进动物嘴巴里了吗？你们是用什么办法投进去的？手要怎么摆？脚要怎么摆？投的时候要注意什么？"

5. 重复游戏，在重复中巩固动作

师："那我们再试几次，没有成功的小朋友想一想，你的办法是不是正确的？或者也可以请小朋友帮助你。"

老师重点观察指导动作技能掌握得不好的孩子,帮助他们熟悉分解动作,再掌握组合动作。

6. 小结评价

师:"宝贝们,你们真棒!给小动物喂了这么多食物,他们肚子现在饱饱的了。谢谢你们。"

(三)放松运动

师:"给自己的手臂按一按,轻轻拍一拍、揉一揉,放松休息一下吧。"(自由放松,重点放松手臂)

小班运动活动：营救小动物(分合跳)

执教教师：陈小燕

一、活动目标

1. 愿意在活动中体验通过运动帮助别人的快乐。

2. 能按照双脚合拢、分开的分解动作以及组合动作连续向前跳。

3. 知道要排好队后按顺序一个一个参与游戏。

二、活动准备

各种动物挂饰;铁圈若干;大灰狼家的场景布置。

场地如图 2-15。

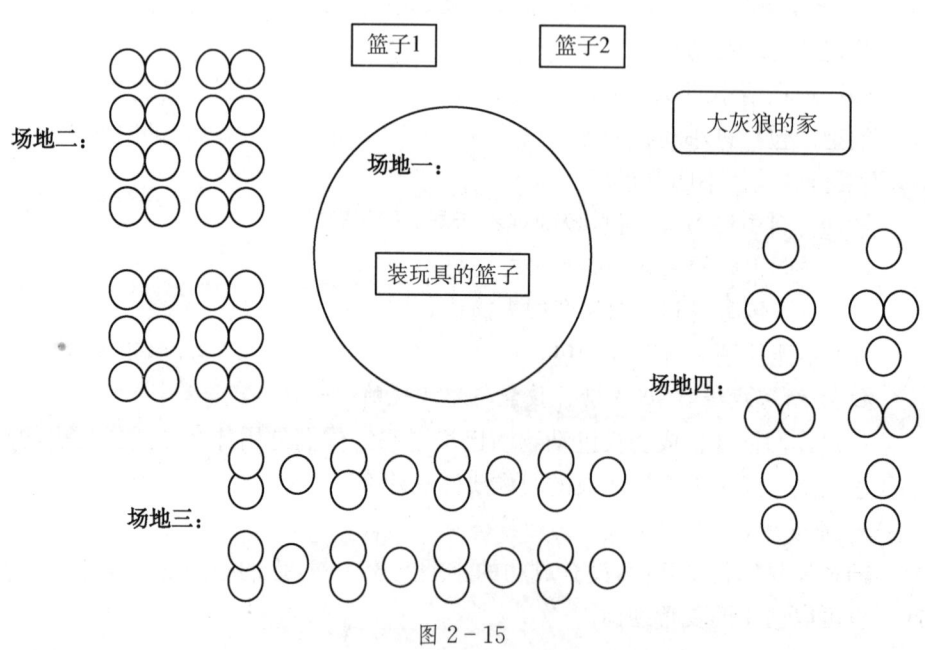

图 2-15

三、活动过程

（一）热身活动：动物操，随音乐活动全身，重点活动下肢

师：小朋友们，你们的身体都变暖和了吗？我们跟着小动物一起做操吧！

（二）任务导入，分解动作一：双脚并拢向前跳

1. 布置任务，了解情景

师：小朋友们，和小动物一起做操开心吗？可是，森林里住着一只可恶的大灰狼，他抓走了很多小动物，把他们圈起来关在他家里，还想把他们通通吃掉！不过，我刚刚听说大灰狼现在不在家，你们愿不愿意变成勇敢的小超人，把小动物们救出来！

2. 变成勇敢超人——夹小泡沫块跳

（1）师：谁想变成勇敢小超人？谁能学小兔子把这些玩具夹在两腿间跳过去放到篮子里，不掉下来，那他就是勇敢小超人，我请他参加我的"解救行动"。

（2）教师示范，强调要两腿并拢跳过去。

（3）幼儿每人一个玩具自由原地学习基本动作。

（4）幼儿用将玩具夹在两腿间两腿并拢跳过去的方法搬运玩具，教师巡回指导基本动作，提醒跳完的小朋友到老师身边来。（场地一）

（三）游戏：解救小动物

1. 分解动作二：过第一条路——双脚分开跳过并排的两串圈

（1）师：你们都能用双脚并拢的方法运送玩具，不让玩具掉下来，真棒！现在我宣布你们都是勇敢小超人！我们一起救小动物吧！可是，这是一只非常聪明的大灰狼，为了防止小动物们被人救走，大灰狼在去他家的路上设置了很多难走的路，瞧！两串圈紧紧地靠在一起，就变出了两条路，哪位小超人能想个办法最快地跳过呢？

（2）个别幼儿示范，双脚分开连续向前跳。教师指导幼儿做动作（双脚分开，同时跳进圆圈里，落地轻又轻），幼儿学一学。

（3）幼儿分2组，依次跳过并排的两串圈。（场地二）

指导重点：能双脚分开同时跳进两个并排的圈，能连续向前跳，幼儿要知道排在自己前面的小朋友跳到指定位置时自己才能跳，跳完的幼儿站在指定线上为没有跳完的幼儿加油。

（4）（请幼儿到场地中间来）教师小结：小超人们，恭喜你们已经闯过了大灰狼设置的第一条魔法圈路，刚刚你们是用什么方法通过圆圈路的？（双脚分开，同时跳进圆圈里，落地轻又轻）

2. 动作组合练习一：过第二条路——分合跳

（1）师：小超人们很勇敢，可是这只大灰狼也很聪明，这一次他设置的圆圈路

更难走了,瞧!他让一个圆圈和两个圆圈手拉手!我们怎样才能最快地跳过去呢?

(2)教师示范分合跳的动作。

师:我是念着什么魔法语跳过去的?(分合、分合、分合)

(3)个别幼儿示范动作,教师强调念着魔法语跳,双脚并拢,落地轻。

(4)幼儿分两队分合跳,引导幼儿跟着分合的口令有间隔地依次游戏。(场地三)

指导重点:幼儿能根据圆圈的单个双个排列依次进行分合跳,引导幼儿有间隔地向前跳,跳完后站在指定线上为其他幼儿加油。根据幼儿大部分完成情况重复游戏2—3次。

3. 动作组合练习二:第三条路——营救小动物

(1)师:小超人们,你们已经成功地闯过了大灰狼设置的两条魔法圈路,瞧!马上就到大灰狼家了!可是,这两条魔法圈路更高了,距离也更远了,小朋友要用力才能跳过去,而且魔法语也不一样了,谁能试着念出魔法语跳过去救出第一个小动物?

(2)个别幼儿示范。

师:它是怎么救出小动物的?(幼儿边讨论,教师边正确示范)

(3)幼儿分2组营救小动物,请救回小动物的小朋友把动物挂在自己脖子上,站在老师身边为其他小朋友加油!(场地四)

(四)放松活动(放小白船音乐)

教师:今天小朋友真棒,变成超人,用双脚并拢跳和分合跳的方法救出了这么多小动物,你们一定都累了吧!我们坐下来休息休息吧!(自由放松,重点放松腿部)

小班运动活动:走独木桥(平衡)

执教教师:周莹

一、活动目标

1. 能够进行不同难度的平衡走:能够双脚交替平稳地走过贴地的木质窄平衡木(高度为2厘米,宽度为8厘米);双脚交替较平稳地走过有一定高度(6厘米)的窄平衡木;勇于尝试走过有三个高度为3厘米障碍的窄平衡木。

2. 勇于尝试不同难度的挑战,探索保持身体平衡的方法。

二、活动准备

场地(底厅),窄平衡木十二个,贴地的兔子、老虎、狮子头像三个(贴在每个平衡木前面的地上),雪花片若干,篮子五个,高度为3厘米的障碍三个,音乐。

场地布置见图2-16。

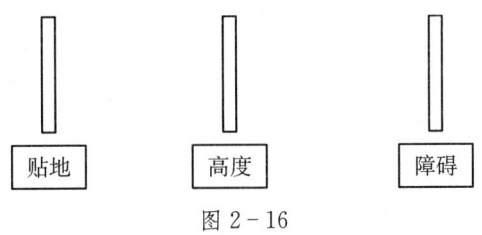

图2-16

三、活动过程

（一）准备活动：学习小动物（跳、弯腰、扭头、下蹲、单脚立等）

（二）基本活动

1. 活动导入

师：今天老师接到了小兔子、小老虎和小狮子的电话，他们买了饼干，想请小朋友们把饼干送到他们家里去，你们愿意帮助他们吗？（调动幼儿兴趣）

可是，要去小动物们的家都要经过一座窄窄的独木桥，他们想请我来看看小朋友们能不能稳稳地通过独木桥，你们有信心通过吗？

2. 分解难度一：走贴地平衡木

（1）教师示范：出发、过平衡木、走完后的站位。老师一边示范一边讲解要领和注意事项，让幼儿边听边观察。

（2）请幼儿回忆：从哪里出发、怎么走、走完后站在哪里。

（3）（幼儿练习）师：走过了小兔子家的独木桥，我们就顺利通过啦。（老师和幼儿一起击掌）

3. 分解难度二：走高度平衡木

师：看，小老虎家的独木桥变得高高的了，小朋友们走的时候注意双脚交替，小手平举，保持身体的平衡。（老师示范一次）

幼儿练习一次，老师注意对胆小的幼儿进行鼓励，并观察幼儿通过平衡木时是否是双脚交替。

4. 分解难度三：走高度＋障碍平衡木（幼儿自行选择）

师：刚刚小朋友都走过了两座独木桥，可现在小狮子家的独木桥（高度＋障碍）上面有一些小石头，待会儿想给小狮子送饼干的小朋友要注意了，走的时候脚不能踩着小石头。

师：时间来不及了，小动物们要饿肚子了，现在我们要开始送饼干了，请小朋友们站在红色的横线上。每一座小桥都通往不同小动物的家，待会儿请你们去后面的篮子里拿一块饼干，你想给哪个小动物送饼干，就排队走过他的独木

桥,把饼干放进前面的篮子里,再返回来继续送。

幼儿自由选择不同难度的平衡木进行练习。

(三)放松活动

师:给小动物的饼干都送完了,泡泡班的小朋友真棒,我们表扬一下自己。

播放放松音乐,老师引导孩子揉揉腿、捶捶腿、捏捏肩,进行放松。

小班体育游戏:猫和老鼠(钻)

执教教师:夏姗

一、活动目标

1. 体验钻的乐趣,积极参与游戏。

2. 掌握钻的动作要领,动作要协调。

二、活动准备

1. 猫头饰(1个);软布包(粮食)若干;拴障碍的绳子2根(绳子上系有铃铛,绳子设计有三个高度:65厘米、70厘米、75厘米);准备活动音乐与放松音乐。

2. 场地安排见图2-17。

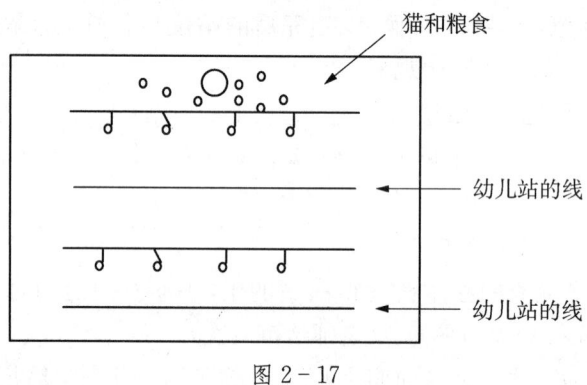

图2-17

三、活动过程

(一)准备活动:幼儿扮小老鼠,听音乐做模仿动作,着重活动开下肢

(二)基本活动

1. 分解教学一:学习钻的动作要领(小老鼠学本领)

(1)老师进行动作示范。

师:今天我是鼠妈妈,你们是小老鼠。小老鼠们,今天猫不在家,听说猫的家里呀有很多粮食。我们这就到它家里去偷粮食!但是,偷粮食前我们要先学好本领。我们一起来练习钻的本领,才能够钻进猫的家里哦。

老师示范动作,一边示范一边念儿歌帮助孩子记忆动作要领:低头弯腰屈膝盖,快快钻过真厉害!

(2)请个别幼儿示范动作,幼儿观察他们的动作,教师根据现场情况分析动作要领。

(3)幼儿练习最低难度——75厘米,教师和保育老师通过观察幼儿的动作是否符合动作要领。(幼儿在两根站的线上站好,从障碍物的这边钻到那边后也同样在线上立即站好)

(4)幼儿练习了几遍以后,逐步将难度加到70厘米及65厘米的高度。幼儿再次练习,教师进行动作指导。

2. 分解教学二:多次练习钻的动作(游戏:猫和老鼠)

(1)幼儿扮老鼠到猫的家里偷粮食。

幼儿观察猫在家里睡着以后就悄悄地钻进猫的家里去"偷"粮食,"偷"到的粮食放进后边的篮子里。(幼儿多次练习,三种高度从高到矮排列)要求幼儿不能够碰响铃铛,如果碰响了猫就会醒。

(2)同情猫的遭遇送回粮食。

"猫"醒了以后发现粮食被"偷"了,大哭。猫说粮食是要送给小兔的,小兔生病了,现在却没有粮食送过去了。

师:现在怎么办呢?猫的粮食都在我们这里呢?(引导幼儿将粮食送回,并引导幼儿知道偷东西是不对的)原来我们偷粮食真是不对的,让别人那么痛苦。现在我们把粮食给猫送回去吧。

猫又睡着了,幼儿将粮食送回去。来回练习钻,要求不碰响铃铛,不打扰猫睡觉,悄悄送回去。(障碍的高度分成两个层次:70厘米与65厘米,幼儿自由选择难度练习钻爬动作)

(3)猫醒了,发现粮食回来了。知道是老鼠送回来的,后来和老鼠成为了好朋友,并感谢老鼠。

四、放松活动

猫和老鼠跟随音乐跳舞,互相拥抱,感受温情。

小班运动游戏:跳跳糖超人历险记(分合跳)

执教教师:李婷婷

一、活动目标

1. 喜欢参加体育游戏,体验通过运动帮助别人的快乐。

2. 能用双脚合拢、分开分解动作及组合动作连续向前跳。

3. 知道要排好队后看标志按间隔一个一个开始游戏。

二、活动准备

1. 物质准备：铁丝圈若干、热身音乐《我们是糖糖小超人》、游戏音乐、放松音乐。

2. 经验准备：绘本《没有牙齿的大老虎》和各种糖果。

3. 场地安排见图 2-18。

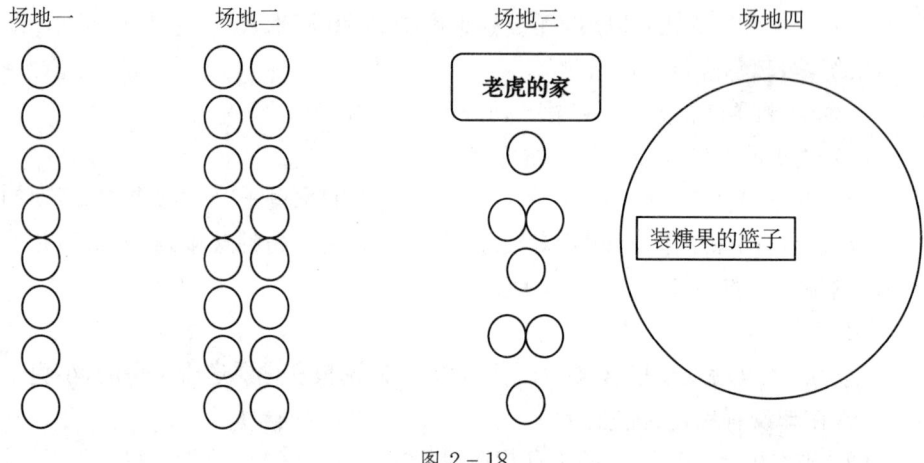

图 2-18

三、活动过程

（一）**热身活动**：老师和小朋友们做糖果操，跟随音乐活动全身，重点活动下肢。

（二）**任务导入，练习双脚并拢向前跳**

1. **布置任务，了解情景**

让我们再一起变成糖果超人，去帮助森林里的小动物们吧。

2. **变成糖果超人——夹糖跳（分解动作之：合）**

师：要想变成糖果超人，必须完成一件重要的任务。就是把这个软软的糖果夹在大腿中间，跳着运到河对面的篮子里再返回来！

指导重点：老师示范跳的动作，宝宝分组夹物跳至对面篮框处，放好糖果再跳回来。

师：宝贝们，你们真棒，让我们一起转一转大声说"糖果超人变变变"，变成厉害的糖果超人吧！（场地一）

（三）**游戏：跳跳糖历险记**

1. **跳跳糖历险一：双脚并拢跳过一串圈（分解动作之：合）**

师：这一次大老虎也很聪明，他也找来了阻止糖果超人的工具——跳跳圈，

我们对付跳跳圈的时候也要像刚刚一样两只脚一起跳起来，我们一起来试一试"跳跳跳"。

师：瞧，大老虎变出了一串跳跳圈，哪个糖果超人能来跳一跳大老虎的跳跳圈？可是，我们一定要等前面的小朋友跳过棒棒糖的圈以后，后面的小朋友再开始跳。

指导重点：幼儿能双脚并拢连续向前跳，幼儿一个一个有间隔地向前跳，跳完的幼儿站在指定位置为其他幼儿加油。

2. **跳跳糖历险二：双脚分开跳过并排的两串圈（分解动作之：分）**

师：跳跳糖小超人实在是太棒了！看来一串跳跳圈已经难不倒你们了。瞧，大老虎想出了更难的办法，他把刚刚的一串圈变成了两串，这下怎么办呢？我们怎么才能最快地跳过去呢？

老师示范，双脚分开连续向前跳。幼儿排成一列，依次跳过并排的两串圈。（场地三）

指导重点：幼儿能双脚分开同时跳进两个并排的圈，能连续向前跳，知道一个一个有间隔地跳，反复游戏2—3次。

3. **跳跳糖历险记三：分合跳（整合动作）**

师：跳跳糖超人们，我们就要找到大老虎了，可是大老虎这一次更厉害，他变出了超级跳跳圈，跳跳圈以"一个＋两个"模式排成了长火车，这下子你们还能跳过去吗？

我们边跳边说"分合、分合"就能跳过去。我们一起试一试（在空地上尝试）。

所有幼儿依次尝试分合跳，幼儿排成一长排有间隔地依次游戏。（场地四）

指导重点：幼儿能根据圆圈的"一个＋两个"排列模式依次进行分合跳，引导幼儿有间隔地向前跳。跳完后站在指定线上为其他幼儿加油。根据幼儿大部分完成情况重复游戏2—3次。

4. **牙痛的大老虎**

保育老师扮演大老虎，捂住牙齿呻吟："哎呀，哎呀，糖果超人太厉害了，我的跳跳圈也阻止不了你们。哎呀，哎呀，我的牙齿好疼呀！"

（四）放松与结束

师："宝贝们，大老虎的牙齿怎么啦？糖果能够破坏大老虎的牙齿，让他不能再欺负小动物。那我们平时能不能吃太多糖果呢？对了，我们糖果超人也要保护好自己的牙齿！这样才能帮助小动物们。"

随音乐做放松活动。

小班运动活动：找朋友玩（平衡）

执教教师：赵茂华

一、活动目标

1. 能大胆在不同形态、高矮和宽窄的平衡板上走走玩玩。

2. 在不同难度的分解体验中尝试保持身体平稳双脚交替行走不同平衡板的方法。

3. 能跟随老师有序玩耍游戏，不随意离开集体。

二、活动准备

1. 场地设置

场地一——山沟，即由即时贴剪成小草状贴出长 4 米、宽 30 厘米的平面山沟。

场地二——倒 V 型斜山坡，即两面各长 4 米，坡度 30 度，宽 50 厘米的平衡木。

场地三——平衡凳两条，长 4 米，宽 25 厘米，高 20 厘米。

场地四——将场地一、二、三进行组合，材料准备三组。

房子模具 3 个，请一名教师扮演小狗。

2. 音乐准备：《我的身体最神气》《虫儿飞》。

三、活动过程

（一）准备活动：随音乐《我的身体最神气》，做热身准备活动

师：鸭宝宝们，今天天气真好，和妈妈一起来活动身体吧！

（二）基本活动：尝试走各种不同的平衡木，感受平稳过平衡木的方法

1. 分解难度一：场地一——走平面有一定宽度限制的小山沟

师：宝宝们，妈妈带你们一起去小动物家玩，先去小兔家吧！

师：去小兔家要走过这条小山沟，你们会身体平稳地过小山沟吗？

幼儿尝试，教师观察，提醒幼儿两脚不能踩到小草。

师：我们一起敲门问"小兔你在家吗？"。

师：小兔不在家，我们去找小猫玩吧！

2. 分解难度二：场地二——走较宽有坡度的平衡木

（1）组织幼儿站在小山坡的两侧。

师：去小猫家要走过这座小山坡，宝宝们，你们会过小山坡吗？

（2）请个别幼儿尝试。

师：谁愿意来试一试怎样走小山坡？（分别请两个走得稳和走得不是很稳的幼儿）

（3）教师总结走斜坡的经验。

师：在上下坡的时候，眼睛看前面，控制身体不摇晃；上坡的时候比较累，速

度慢,下坡的时候速度会快一些、轻松一些。

(4)幼儿有序集体尝试走上下坡。

师:学会了本领我们一起去找小猫吧。宝宝们站在小桥的前面,等前面的小朋友走几步后再接着走。走到房子前面我们一起去敲门。

师:我们一起敲门,小猫,小猫,你在家吗?

3.分解难度三:场地三——走有一定高度和较窄的平衡凳

(1)组织幼儿观察小桥。

师:小猫也不在家,我们再去看看小狗吧!

师:去小狗家的路很难走,有一座高高的、窄窄的小桥,你们敢走吗?

(2)请个别平衡能力比较强的幼儿尝试示范。

师:刚才他们是怎样过小桥的呢?

(3)教师梳理经验:在走有高度的小桥时,眼睛要看前面,可以打开双臂,保持身体平稳,两脚交替向前走。

(4)幼儿集体有序过平衡凳,教师观察提醒幼儿不要着急,保持身体平稳,走过平衡凳。

4.整体难度综合游戏:场地四——走神秘小路

师:小狗在家,带上他一起出去玩吧。

师:去草地玩耍走过这条神秘的小路,我们必须学好平稳走路的本领才行。看看前面的小路,你们敢不敢走?

幼儿分三组尝试走过组合小路,教师提醒幼儿注意调整身体,保持平衡,两脚交替行走、平稳地走过小路,提供机会让幼儿多练习。

师:宝宝们学会这个本领了吗? 我们去那边的草地做游戏吧。

师:宝宝们分三组,看哪一组都能稳稳地走过小路到达草地。

教师提醒幼儿不要着急,等前面的同伴走完了再走,不推挤。

(三)放松活动:随音乐在草地上做放松活动

师:宝宝们学会了本领,都能稳稳地走过神秘小路,到达草地了,我们坐下来休息一下吧!

师:听着音乐好舒服,我们一起来放松放松身体吧!

小班运动活动:大家一起喜羊羊(平衡)
执教教师:舒兰岚

一、活动目标

1.乐意扮演喜羊羊参与游戏,体会游戏的乐趣。

2. 在体现不同分解动作难度的场景中尝试跨过平衡木上的障碍物,并保持身体平衡。

3. 有序地走小桥,不推挤同伴。

二、活动准备

音乐《大家一起喜羊羊》《喜羊羊》;毒萝卜、青菜、大石头、小青草若干;弯曲的小路,弯曲的平衡木,较低的平衡木;创设菜地、村长的家;灰太狼(头饰或由一人角色扮演),大篮子两个。

三、活动过程

(一)准备活动:幼儿扮演"喜羊羊"情景导入,集体热身

1. 师:你们喜欢喜羊羊吗? 今天我们都来变成喜羊羊一起做游戏吧!

2. 播放音乐,带引幼儿热身,重点练习下肢运动

(二)基本活动:分解难度,设置不同障碍的情景,游戏中带领幼儿尝试跨走不同层次的小桥

1. "找村长":第一次,尝试走过有小青草的小路(难度分解一)

师:听说今天灰太狼又要来我们羊村干坏事,我们赶紧去把这个消息告诉村长吧。咦,到村长家有一条小路,这条路上有许多小青草。我们学过一首儿歌"小兔走路轻轻跳,小狗走路慢慢跑,要是踩坏小青草,我就不跟你们好",那走的时候你们会不会去踩小青草。(教师带领幼儿走小路,保育老师在上入口处引导幼儿有序地上小桥)

2. "帮助村长摘青菜":第二次,走过有较低的有毒萝卜的平衡木(难度分解二)

(1)师:"村长,听说灰太狼又要来我们羊村干坏事了,我们快点躲起来吧!"

(2)村长:"哎呀,那可怎么办呀! 我的地里还有好多的青菜,万一被灰太狼偷了怎么办,喜羊羊们,你们愿意帮我去摘青菜吗? 你们真勇敢,但是灰太狼在小桥上还放了许多毒萝卜,你们走的时候一定不要踩到毒萝卜,不然会被灰太狼抓住的,记住了吗?"

(3)请一名幼儿尝试走。

师:"毒萝卜在哪里? 请一名勇敢的小羊教教我们怎么走,好吗?"

小结:双脚一前一后走,遇见毒萝卜时不要怕,站稳后再抬高脚跨过去。

(4)幼儿有序跨过"毒萝卜",走小桥。

师:"我们一个一个排好队出发吧。"

3. "返回村长家":第三次,走过弯弯曲曲的、有大石头的平衡木(难度分解三)

(1)评价走小桥的动作,请小羊采青菜。

师:小羊们真棒,会小心过桥,没有踩到毒萝卜,现在我们把青菜拿好了,准

备带回去给村长吧!

（2）出示石块：讨论走的方法。

师：呀，刚才我们被灰太狼发现了，它正躲在那里等着抓我们呢。我们不能从那座小桥回去了。咦，这里还有一座弯弯曲曲的小桥，我们从这里回去找村长吧。可是，这座桥上有好多大石头，我们要怎么走过去呀？谁来试试。

（3）评价小结方法，带领幼儿走小桥。

师：我们可以学学他的办法，走的时候把脚抬高一点，慢慢地站稳了再走。现在我们排好队一起出发吧。

4. 以村长的角色表扬、评价孩子们的动作

村长：孩子们，你们真能干，这么多的大石头都没挡住你们，谢谢你们帮助我把青菜拿回来了。现在灰太狼已经被我们赶走了，你们可以到羊村里自由玩耍了。

5. 幼儿自由选择小桥或小路练习，教师指导个别幼儿的动作（音乐"喜羊羊与灰太狼"）

（三）放松活动：带领幼儿放松全身

（三）中班运动·分解活动案例

中班运动活动：小兔学跳远（立定跳远）

执教教师：何巧

一、活动目标

1. 通过分解教学学习立定跳远动作，落地时能屈膝缓冲，蹬地有力，并能较协调地双手摆臂跳远。

2. 在游戏中能站到等待线后排队，遵守游戏规则。

3. 能自主选择不同难度的任务进行挑战，体验达成目标的成就感。

二、活动重点

通过分解动作学习立定跳远连贯动作。

三、活动难点

蹬地有力，能较协调地双手摆臂跳远。

四、活动准备

1. 经验准备：熟悉教师自编故事《爱吃萝卜的小兔》。（文本附后）

2. 材料准备：手电筒、标有数字 1、2、3 的场地标识一份、小脚印 9 对、萝卜若干（每名幼儿 3—4 个）、大篮子一个（幼儿投放萝卜用）、"石头"障碍布置（小积

木、布包若干)。

音乐：热身音乐《bar bar bar》(适合跳的欢快音乐)、放松音乐《幸福的脸》。

3. 场地布置：见图 2-19。

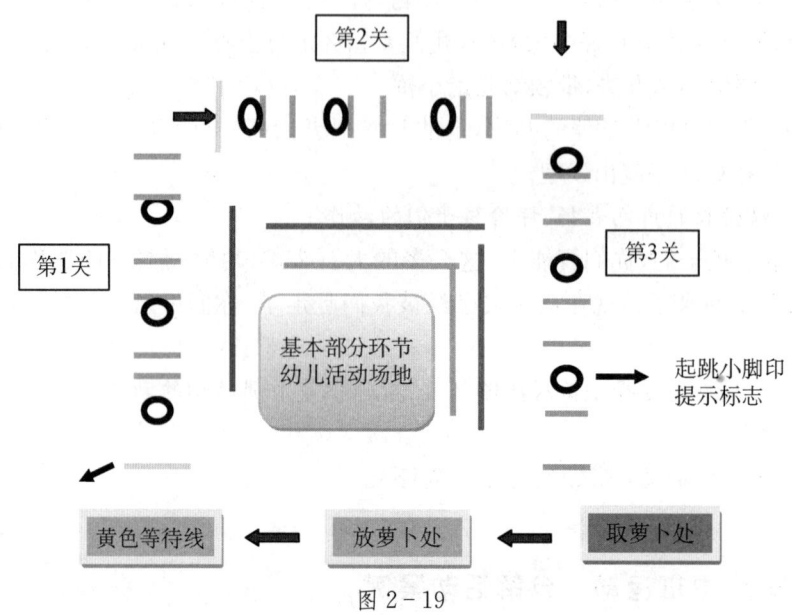

图 2-19

五、教学过程

表 2-17

教学环节	教师活动	幼儿活动	设计意图
一、热身活动 2 分钟	1. 师：孩子们，我们听过故事《爱吃萝卜的小兔》了，今天你们就是小兔，我是兔妈妈，小兔子们，跟着妈妈一起来做锻炼吧！	分散开，保持一定间隔距离	经验引入，创设热身情景，并将小兔故事的情景贯穿始终
	2. 热身环节动作设计为：头部——上肢——下蹲甩臂——纵跳——连续兔跳——单脚跳——转圈跑跳——走步	听音乐随老师做热身动作，注意不碰到小朋友	有针对性地融入各种跳的动作
二、基本部分 9 分钟	(一) 分解动作一：下蹲(躲避大灰狼) 出示手电筒。师：看，这是大灰狼的眼睛在闪闪发光！大灰狼往这边看了，我们该怎么办？(看向做蹲下动作的幼儿) 等它走了，我们就快快站起来。我们来试一次好不好？(注意下蹲和蹲起的节奏)	站位：散开 当手电筒照射过来时，幼儿扮演小兔快快半蹲	体验下蹲动作，为摆臂屈膝动作协调做准备

教学环节	教师活动	幼儿活动	设计意图
	（二）分解动作二：摆臂（划船） 1. 师：躲过大灰狼，遇到了一条河。宽宽的大河我们要划船过去。 2. 教师边念儿歌边正确示范摆臂动作：一二一二，划小船，小脚弯弯蹲下去，小手高高甩起来，我的小船划得快。	开火车形式，幼儿一起把小手甩起来，还要把膝盖动起来，边念口令边有节奏地做划船动作	慢动作练习跳远摆臂动作
	（三）分解动作三：起跳（小火箭） 1. 单独练习原地纵跳 师：划过了大河，前面是大雪山。我们怎么过去呢？（幼儿回答：坐火箭） （示范）小脚弯弯蹲下来，小手来加油，1，2，3，发射！轻轻着陆最安全。 口令：123（加油）！跳（发射）！ 2. 熟悉动作后，请幼儿跟学口令，尝试自己边念口令，边做动作。第一次由教师喊口令，第二、三次鼓励幼儿自己喊口令。	站位：散开幼儿围圈声音响亮地跟随老师喊口令	练习起跳和落地：原地纵跳，用力蹬地，轻轻落地，下蹲缓冲
	（四）探索活动：跳远 1. 明确跳远规则与要求 师：今天妈妈要教你们跳过河的本领，叫做跳远。要用到我们今天的3种方法：下蹲躲避大灰狼，1，2，划船加加油，变成火箭跳得远。 （教师边念儿歌，边示范动作）脚尖不踩线，1，2，3，跳！脚后跟过线，轻轻站起来。 规则：准备跳时，脚尖不能超过线。跳过去后脚后跟都要超过线才算成功跳过。 2. 再次强调落地要下蹲缓冲。 3. 幼儿练习。	站位：从蓝色L型线跳过绿色L型线，个别幼儿没有注意起跳线的位置，要强调规则	尝试跳远，提醒幼儿落地时下蹲缓冲
三、游戏活动：小兔拔萝卜12分钟	（一）游戏 层次一：自选路线尝试，幼儿在游戏情境中自主练习跳远动作 1. 教师示范玩法过程：地里有很多小小的石头，怎么跳过去呢？ 2. 指导要点：教师巡回个别指导能力较弱幼儿，鼓励幼儿大胆尝试，并遵守规则。 师：（指导动作）小手还要甩得更用力些；蹲下轻轻落地；双脚同时落地。 （尝试不同难度）第一条你们很容易就通过了，快去试试更难的路吧！	全体幼儿站到红线上面向第一关，教师示范玩法	梳理跳远经验，进一步熟悉跳远动作要点

（续表）

教学环节	教师活动	幼儿活动	设计意图
	（二）中间小结：交流讨论 怎么才能跳得稳，不摔倒？（下蹲，轻轻落地） 怎么才能跳得远？（跳得高一点，双脚用力蹬地；双手用力摆臂）	能力较强幼儿示范并分享自己的游戏经验，其他幼儿模仿学习	巩固幼儿对跳远动作的学习经验
	（三）游戏 层次二：在总结梳理基础上再次巩固练习跳远动作 师：跳过障碍拔一个萝卜送回家。 鼓励幼儿自主尝试难度更高的任务。	绝大多数幼儿都能完成前面两关，部分能力较强的幼儿积极挑战第三关	在总结梳理基础上再次巩固练习跳远动作
	（四）小结：小兔子们，玩累了吗？快回来看看我们的菜篮子，都装满了大萝卜！妈妈真开心！你们今天不仅躲过了大灰狼，还划过了大河，越过了雪山，跳过了石头地，跳远的本领都学会了吗？不怕困难的小兔子们，你们今天都很出色！	幼儿集中到老师身边，边休息边聆听教师小结，积极地回应教师	总结今天活动的三个游戏情景设置，提炼坚持、不怕困难的学习品质
四、放松活动 2 分钟	师：现在我们来放松一下就回家吃萝卜！放松环节动作设计：四肢拉伸，重点放松膝盖和腿部。	幼儿回到教师身边随音乐做放松动作	放松环节动作：四肢拉伸，重点放松膝盖和腿部

附自编故事：

爱吃萝卜的小兔

冬天来了，兔子妈妈让小兔子们去菜园子拔萝卜带回家准备过冬。小白兔、小灰兔、小黑兔都很喜欢吃萝卜，听说今年的萝卜又大又香，都迫不及待地准备出发了。可是，妈妈告诉他们，想吃到大萝卜可没那么容易。果然，他们刚出发不久，就看到了远处大灰狼的眼睛闪闪发光，赶紧蹲下躲在草丛里。大灰狼终于走了，他们继续出发，又被一条宽宽的大河挡住了去路。聪明的小白兔想到了划船的办法，他们一起划大船过了河，又被大雪山挡住了。小灰兔用它发明的小火箭带着大家成功飞越了雪山。菜地前面还有一条小河，这可难不倒爱运动的小兔们，它们一下就跳过去啦！他们终于到达菜地了。结果发现三块地里都堆了很多石头，有的地里满是小小的石头，有的地里是高高的石头，他们究竟能不能成功拔到大萝卜呢？

（说明：故事内容可依据教学季节和班级幼儿的兴趣点自行调整。）

中班运动活动：助跑跨跳

执教教师：徐文婷

一、活动目标

1. 运用分解游戏法学习助跑跨跳的动作,掌握助跑跨跳的方法,身体协调、灵活。

2. 尝试根据自己的能力用助跑跨跳的方式越过障碍物。

3. 不怕困难,有勇于挑战的精神。

二、活动准备

长绳子2根,泡沫垫连成一条小河。

三、活动过程

(一)准备活动：重点活动下肢

师幼一起随着音乐做准备活动,在准备活动中融入跨跳的简单动作。

(二)基本活动：基本动作学习

1. 分解动作一：跳(游戏：跳小坑)

玩法及规则：老师将2根绳子平行拉出一个"坑",请幼儿跳过小坑,然后老师逐渐加宽小坑的宽度,增加游戏难度,并鼓励幼儿跳过。

(1)师：小朋友们,我们一起去郊游吧。咦,前面有个小坑挡住了我们的路,我们要怎样才能过去呢?

(2)请个别幼儿示范,然后集体跳过小坑。跳小坑真有趣,我们再来跳跳吧,然后跳过逐渐加宽的小坑。

(3)师：小坑变宽了,用刚才的方法跳不过去了,我们该怎么过去呢?(引出跨跳)

2. 分解动作二：跨跳(游戏：跳小坑加宽版)

(1)加大小坑的宽度。

(2)师：我们面前的小坑变大了,那怎样才能跳过去呢?

(引导幼儿从双脚跳过——一只脚跳过,另一只脚跟着落地。)

3. 整合：助跑跨跳(游戏：采蘑菇)

玩法及规则：用泡沫垫子做一条小河,请幼儿用助跑跨跳方式越过小河。

(1)师：肚子饿了,我们一起去采蘑菇吧。咦,有一条宽宽的小河挡住了我们的路,怎么过去呢?

(2)请2—3个能力不同的幼儿示范：有的能过,有的不能过。

师：想一想,有什么方法让我们都能通过?老师有一个办法,请你们看看我

是怎么做的。(教师示范助跑跨跳)

师:我刚才先做了什么?(跑步)因为跑步能让我们身体有一股力量,能帮助我们跳得更远,更容易过小河。然后我做了什么?(蹬地,跨跳)我们跑过去,用一只脚蹬地跨跳、另一只脚跟过去的方法越过了小河,这个动作叫做助跑跨跳!

(3)教师再次示范,幼儿进行练习,跳过小河采回蘑菇。

(4)教师巡回指导,纠正个别幼儿动作。

4. 器械练习,掌握要领

(1)分层次过小河。

玩法及规则:场地上摆出3条小河,第一条最窄,中间一条不窄也不宽,第三条最宽,请幼儿根据自己的能力自由尝试用助跑跨跳的方式过小河。

师:这里有三条宽度不同的小河,小朋友们可以根据自己的能力选择一条可以通过的小河,用我们刚才学习的助跑跨跳越过它,有能力的小朋友也可以每种都去尝试一下。游戏中小朋友们要注意排队,等前面的小朋友离开了才能往前跳,跳过的小朋友从两边走回自己的队伍,在最后排队。

要求:每人至少用助跑跨跳的方式跳3次以上,教师巡回指导。

(2)纠错。

教师示范错误的助跑跨跳方式,请小朋友指出哪里错了,然后请动作正确的幼儿示范,教师小结再次强调助跑跨跳要点:跑——蹬地——跨跳。

(3)再次练习,提高难度。

玩法及规则:将泡沫垫子下面放层木块,提高难度,幼儿用助跑跨跳方式跳过小河。

师:现在小河不仅变宽了,而且河水还涨了,你们有信心通过它吗? 幼儿练习,老师注意幼儿安全。

(三)放松活动

师幼一起在音乐声中做放松动作:从脚开始进行放松。

中班运动活动:能干的小猴子(侧面猫腰钻)

执教教师:赵茂华

一、活动目标

1. 喜欢挑战不同难度的障碍设置,积极参与侧身钻圈的游戏。

2. 从动作分解中学习侧面钻的动作要领:侧身、屈膝弯腰、移动重心钻过障碍。

3. 从材料难度的变化中,体验动作难度的变化,学会灵活控制身体。

4. 能坚持参与游戏,不怕困难。

二、活动准备

1. 物质准备

场地一——万能工匠门洞6个(分两组,一组三个)。

场地二——大圈6个(分两组,一组三个)。

场地三——小圈6个(分两组,一组三个)。

场地四——将所有材料组合布置呈正方形。

电视剧《西游记》音乐。

2. 幼儿对孙悟空比较了解,熟悉《西游记》音乐。

三、活动过程

(一)准备活动(播放音乐)

游戏情景:猴子出山,幼儿随《西游记》音乐做热身活动。

(二)基本活动

1. 动作难度分解一——场地一:幼儿初步感受侧身钻的基本动作

师:猴儿们,今天本王要带你们去我的花果山,想去吗?

师:要去我的花果山可要学会一些本领才能到达哦! 想挑战吗? 现在请男小猴站在1道,女小猴站在2道。

师:第一关——过门洞,你们有办法过我的门洞吗?(请幼儿分别尝试)

师:本王不相信,你们钻过门洞让我看看?(请3—5位幼儿钻圈)

师:他们是怎样钻过圈的? 他们过门洞的办法有什么不同?

教师点出幼儿侧身钻圈的基本动作。

师:刚才XX小猴用了不一样的钻法——侧身钻过门洞。

师:侧身钻洞首先要侧身、弯腰屈膝低头,伸腿移动重心钻过门洞。

师:猴儿们,记住用刚才的新办法——侧身钻门洞,请你们再试一试。

幼儿自由练习侧身钻圈多遍。

2. 动作难度分解二——场地二:尝试较快速地侧身钻圈

(1)提出问题:怎样才能又快又准地钻圈?

师:猴儿们,经过门洞还有很多盘丝洞,你们会过盘丝洞吗?

(2)幼儿自主探索。

师:你们是怎样过盘丝洞的?

(3)挑战:又快又准地过盘丝洞。

师:你觉得要又快又准地钻圈,身体应该怎么做?

小结:快速过圈时,伸腿要快而且支撑有力,低头弯腰,快速移动钻过洞,最

 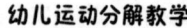

后收腿。

（4）游戏：猴子过水帘洞。

师：大王要考验你们，看你们是不是学会了快速钻洞的方法。

师：请你们用刚才侧身钻的方法快快去玩"钻盘丝洞"游戏吧。

3. 动作难度分解三——场地三：尝试控制身体钻过较小的圈

师：猴儿们，你们真棒，马上就要进入花果山了，可是还有最后一关的挑战，你们准备好了吗？

师：请看，这是新的洞，和前面的相比有什么不同？（更小了）

师：哪只猴子愿意先来试一试？

教师请个别幼儿尝试。

师：你觉得要钻这个小一些、矮一些的圈方法应有什么不同？

师：钻这个更小的圈，我们要更好地控制身体，屈膝时重心要稳，移动时要快，收腿时要小心。

师：你们都愿意试一试吗？现在孙大圣要选一些能干的猴子去花果山，你们想去吗？

师：那现在我们进行比赛，请男队和女队准备。（击掌接力）

4. 整合侧身钻基本动作——场地四：幼儿有序自由在不同材料的互动中体会控制身体、快速侧身钻圈

师：你们都很棒，所以请你们都用刚才的本领去花果山吧！

师：你们刚才学会了什么本领？（快速侧身钻）

幼儿自由玩耍，教师分组指导。

（三）放松活动

师：到了花果山，你们高兴吗？让我们随着音乐放松放松我们的身体吧！

幼儿随老师跟着音乐慢慢放松身体。

中班运动活动：投石进海（投掷）

执教教师：陈彦妮

一、活动目标

1. 通过分解动作的练习，巩固肩上挥臂投掷的正确方法。

2. 体验将"石头"投进"大海"的喜悦。

3. 会自己收放材料。

二、活动准备

1. 音乐、报纸球、海绵包、线条（不同颜色的线条）。

2. 用螃蟹、鱼、海豚等图片布置海边场景。

3. 场地布置见图 2 - 20。

大海
投掷起点线1
投掷起点线2
投掷起点线3
投掷起点线4

图 2 - 20

三、活动重难点

通过练习蹬地转体、挥臂等一系列分解动作，巩固投掷的正确方法。

四、活动过程

（一）准备活动：模仿小动物

老师带领幼儿到"海边玩耍"，跟海里的动物打招呼，模仿他们的动作，活动手臂、腰腹、腿部等身体部位。

师：小朋友们，你们看到过大海吗？海里面有哪些动物呀？看，那边是大海，我们一起去海边玩耍吧。

（二）基本活动：投掷的分解动作练习

1. 分解动作一：蹬地转体

幼儿双手叉腰，根据老师的口哨声有节奏地进行蹬地转体练习。老师吹一声"口哨"，幼儿便蹬地转休一次，老师一边吹口哨一边巡回指导幼儿的动作，对动作不规范的幼儿进行纠正。

2. 分解动作二：挥臂——律动

幼儿左手叉腰，右手跟随《牛仔很忙》的音乐有节奏地挥臂，教师巡回指导，引导幼儿从后向前有弧度地挥臂。

3. 整合游戏：投石进海——巩固练习完整的肩上挥臂投掷的动作

（1）引导幼儿分组尝试"投石子"。

老师在"海边"设置距离不同的线条，引导幼儿根据自己的投掷水平选择适合的投掷起点。老师观察指导幼儿的动作。

师：瞧，这里有好多石子呀，我们来玩投石子的游戏吧。你们玩过没有？我们要把石子投到大海里去，小朋友可以自己选择起点，大胆尝试挑战。

（2）点评小结。

根据幼儿的活动情况及时小结，提醒幼儿连贯完成蹬地转体、挥臂投掷的动作，利用腰腹的力量尽量将物体投高投远。

（3）幼儿自由玩耍"投石子"，老师巡回指导，鼓励幼儿尝试挑战远一点的

起点。

（4）表扬鼓励：小朋友们玩得高兴吗？今天大家都有进步，投掷的动作掌握得更好了，投得更远了，你们真棒！

（三）放松活动

老师带领幼儿随着舒缓的音乐放松身体。

五、幼儿收放材料，排队有序回教室

中班运动活动：走平衡木（平衡）

执教教师：易洪红

一、活动目标

1. 能通过动作分解练习尝试双脚交替走过宽 10cm 高 15cm 的平衡木。

2. 能与同伴合作运物。

3. 体验走过平衡木的成功与喜悦。

二、活动准备

材料准备——窄平衡木，农夫山泉矿泉水每人两瓶，大篮子，活动准备及活动过程音乐；

经验准备——走过平衡木，有初步的合作意识。

三、活动过程

（一）准备活动：热身运动，幼儿活动身体

播放音乐，带领幼儿活动下肢和上肢，保育老师帮忙布置场地及检查幼儿的衣物是否合适。

（二）基本活动

1. 直接导入：走平衡木，引发幼儿兴趣

师：今天老师给小朋友带来了一件好玩的体育玩具，你们认识它吗？出示窄平衡木。

师：你们觉得它是怎么玩的？请一个小朋友来试一试。

师（小结）：我们可以双脚前后交替在上面走。

2. 分解难度一：全体幼儿分两组双脚前后交替走过平衡木

师：走平衡木时，请注意以下规则：第一是用自己的方式保持平衡，前后脚交替走；第二是排队走过，待前一个小朋友走完第一根时下一个小朋友接上；第三是走完的小朋友站到平衡木两侧观看同伴走。（幼儿依次走过，教师观察幼儿走的时候脚的动作）

师（小结）：前后脚交替走我们就可以稳稳地走过平衡木了。

3. 分解难度二：负重走过平衡木

师：小朋友们可以用自己的方式打开双臂把这堆水瓶运过去。（提醒幼儿双脚交替走过）

4. 分解难度三：合作抬物走过平衡木

师：还剩下了这么多水，我们两个人一起把它们装在篮子里运走吧！小朋友们在合作的时候要注意两个人的速度保持一致哦，看哪组运得又快又稳。

师（小结）：小朋友们都学会了前后脚交替稳稳地走过小桥，还和小伙伴一起合作运了水，都成功了吗？给自己一点掌声吧！

（三）放松活动

师：跟着音乐，我们来放松放松身体吧。

中班运动活动：我的手臂最有力（上肢力量）

执教教师：张果

一、活动目标

1. 通过举、传、滚、运等动作练习锻炼幼儿的上肢力量及协调性。

2. 能体验一物多玩的乐趣。

3. 能遵守活动的规则。

二、活动重难点

发展幼儿上肢的力量及协调能力。

三、活动准备

万能工匠的材料：蓝色棍子10根、黄色棍子10根、黄色轮子20个、音乐、平整安全的场地。

四、活动过程

（一）准备活动

场地布置成西瓜园地，伴随音乐通过点名游戏、绕场地跑、高抬腿、加速跑、侧身跑、绕障碍跑等活动全身。

（二）基本活动

1. 自由探索：尝试各种举的动作，锻炼上肢力量

幼儿和西瓜（黄色轮子）做游戏，可以有哪些玩法？（拍拍西瓜，听听西瓜里面发出的声音，试试西瓜重不重？）

2. 难度分解一：游戏"传西瓜"，锻炼幼儿上下肢的力量

幼儿分成男女两组，分别站成U型（门洞的样子）进行传西瓜比赛，每组一个接着一个传递给下一位幼儿，最先传完的一组获胜。

3. 难度分解二：游戏"滚西瓜"，锻炼幼儿上下肢的协调性

幼儿分成男女两组，每人一个西瓜，上下肢协调配合沿着长方形场地四周滚。

4. 难度分解三：游戏"障碍运西瓜"，锻炼幼儿上下肢的敏捷性

场地布置两组障碍物，幼儿分成男女两组进行运西瓜绕障碍的游戏。

（三）放松活动

伴随音乐放松上肢、下肢、全身。

中班运动活动：躲避大鳄鱼（爬）

执教教师：胡凤

一、活动目标

1. 熟练进行手脚向前爬行，学习手脚后退爬行，动作协调。

2. 增强四肢和躯干肌肉力量，增强动作的灵活性。

3. 喜欢参加集体活动，有初步的规则意识。

二、活动准备

1. 物质准备：万能工匠若干、鳄鱼头饰 3 个、乌龟妈妈头饰、音乐《超人体操》。

2. 场地准备：如图 2-21，东西南三面都有鳄鱼，北面是安全出口。

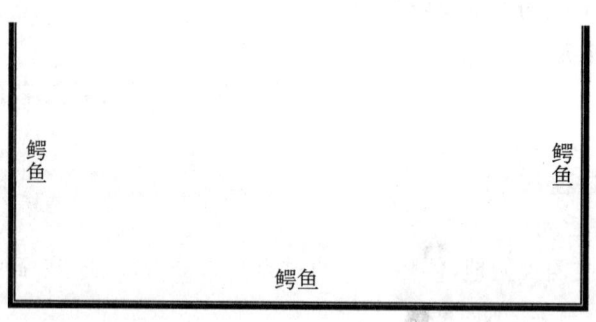

图 2-21

三、活动过程

（一）准备活动：小乌龟游呀游，活动全身

师：乌龟宝宝们，今天乌龟妈妈要带你们出去玩，快来和我一起运动运动吧。

（乌龟做头部运动——前后绕臂——左右绕臂——转体——压腿——弯腰——蹬地——放松。）

（二）基本活动：小乌龟学本领（学习分解动作——手脚后退爬）

师：请男女娃娃看手势分别站队。（整队：请幼儿保持适当的位置）

1. 分解动作一：膝盖抬高

师：我们分男女娃娃来学一个新本领。先观察女娃娃，男娃娃原地站立。

师：（指导女娃娃）请先趴在地上——腿不动，手和身体立起来（老师将棍子移动到幼儿膝盖处）——请将手和身体放回来。

师：现在我要移动棍子，大家想一想如何不移动手和脚躲过棍子？（幼儿尝试抬高膝盖，老师有节奏地前后移动棍子）

小结：原来我们把膝盖抬高就可以躲过棍子。

师：现在女娃娃原地站立，男娃娃来学习本领。

2. 分解动作二：向后移动身体

师：现在我要增加难度，让棍子往后移动，你们试一试如何手脚往后移动躲过棍子。

师：请男娃娃先来试一试，女娃娃原地站立。

师：男女娃娃交换。

3. 小乌龟遇见大鳄鱼：动作组合——手脚后退爬

师：宝宝们，我们要坚持抬高膝盖，出发了！（向前爬）

师：嘘！你们看那里有一只大鳄鱼在睡觉，不要转身，小心吵醒他！我们小心地后退爬回家。一定记着膝盖不能落地哟。

师：这边也有鳄鱼，我们换一条路吧。

师：（鳄鱼伸出脑袋左顾右盼）糟了，这里也有鳄鱼，不要转身，赶快悄悄地退回到家里。

师：我们再从这边出发。如果鳄鱼醒了来追我们，一定记得膝盖抬高快快地退回到家里去。

师：（鳄鱼抓住了一只乌龟）妈妈去救小乌龟，你们安静在家等我。

师：刚才为什么小乌龟被抓住了呀？

师（小结）：因为速度不够快。所以当我们遇到危险，一定要记得快快地退回家里，而且膝盖不能落地。

4. 小乌龟学本领：练习躲过障碍物快快后退爬

师：为躲避鳄鱼，我们得学习一下快快后退爬的本领。

师：大海里到处都有障碍物，请大家后退爬的时候一定要保护好自己，躲过它们。

（三）放松活动

师：乌龟宝宝们，天快黑了，我们该回家了，到我身边来放松放松身体吧。

中班运动活动：我是小小解放军(平衡)

执教教师：夏姗

一、活动目标

1. 体验克服困难后的成就感，愿意帮助别人。

2. 能保持身体平衡顺利通过较低矮的障碍物，并能两两合作持物前后配合在障碍物上较平稳协调地行走。

3. 在前行时有耐心等待前方幼儿通过指定位置后再通过障碍物。

二、活动准备

1. 梅花桩若干、"荷叶"若干、平衡木两根、"担架"若干(由两根棍子组成)；能够挂的圆牌若干(表示伤员)；奖励用的"纪念章"若干。

2. 音乐：《小小兵》(准备)，《小白船》(放松)。

3. 场地安排如图 2-22。

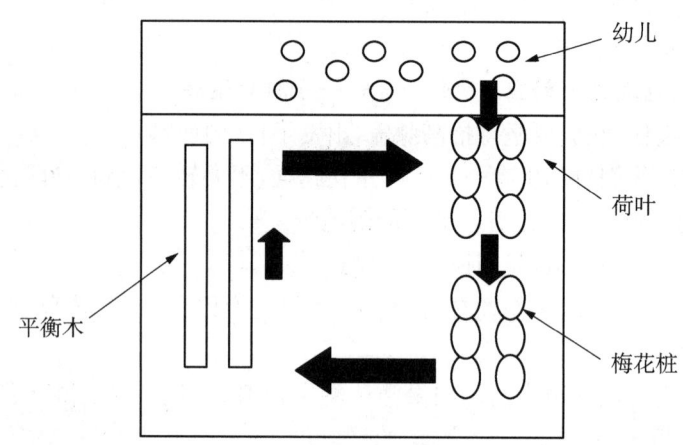

图 2-22　场地示意图

三、活动过程

(一) 准备活动

1. 跟着音乐模仿解放军的动作，激发幼儿学做解放军的愿望。

2. 徒手练习平衡动作：金鸡独立、直升机转转转、单脚交替站立左右大幅度摇晃。(通过以上动作让幼儿进行平衡动作的热身)

(二) 基本活动

1. 分解动作一：在难度较小的路面单人平衡走(平衡练习：学习本领，克服困难，走勇敢者之路)

(1) 幼儿走荷叶、梅花桩、平衡木，进行平衡练习。(练习路线：根据以上顺

序在场地中进行循环练习)

a. 教师示范动作要领：双手保持平衡,平稳通过各种障碍物。通过转移重心、放低重心、伸开双臂左右借力等方法保持身体平衡。

b. 请个别幼儿进行平衡的动作示范。重点示范在梅花桩上的行走,提示幼儿：眼睛向前看,看准再踩上去行走,不慌也不忙。

c. 幼儿根据教师制定的路线鱼贯在障碍物上进行多次练习。规定在前面的幼儿通过教师制定的标准距离以后后边的幼儿才能上障碍物,以免拥堵在障碍物上或相互推挤,保证活动的有序进行。

(2) 分享交流：你是用什么好办法让自己稳稳当当地通过的?

小结：保持平衡的方法(伸开双臂左右借力保持平衡;转移重心保持平衡;降低重心保持平衡;小心行走、在心里鼓励自己等方法让自己保持平衡)。

(3) 再次循环练习,教师针对个别幼儿的问题进行重点指导。

(4) 小结：赞赏幼儿克服困难、勇于尝试的勇气。

2. 分解动作二：两两合作持物平衡走(两两合作,前后持物走过障碍物)

(1) 布置任务：小小解放军学习了本领、克服了困难以后,需要抬着担架救护伤员,途中要通过一条大河。河上有两条路都可以通往医院,我们可以选择其中一条路将伤员送往医院。一条是由两根平衡木组成,另一条由散放的荷叶以及梅花桩组成(梅花桩这条路线稍难,平衡木那条路线相对简单)。两个幼儿抬担架走过"桥"将伤员送到医院。再从两旁的平路跑回来继续营救伤员。如图 2-23 所示。

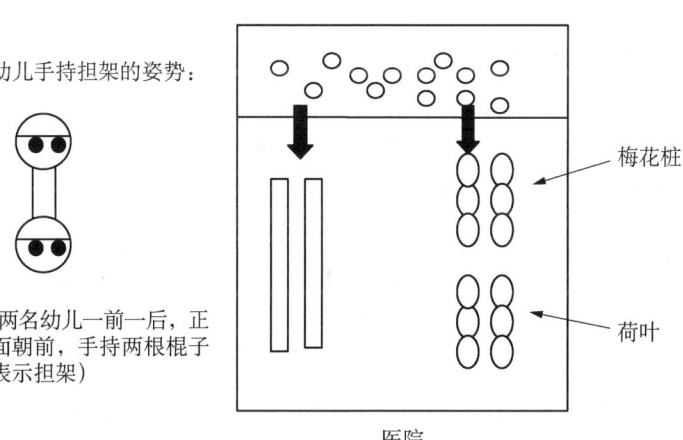

图 2-23

(2) 教师和保育老师进行动作示范,着重示范出两个人一前一后抬着"担架",在"桥"上相互配合通过各种障碍物(主要在梅花桩上)。动作要领：在保持自己身体平衡的同时,兼顾到同伴的速度,相互配合完成任务。

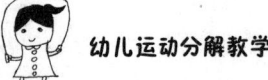

(3) 幼儿游戏,教师观察幼儿在营救伤员过程中的情况。

a. 让幼儿先协商选择难度不同的路线通过。

b. 幼儿两两组合抬着"担架"自选路线通过,接伤员(在自己胸前挂一个圆牌子,表示接到一个伤员)后,通过障碍物将伤员送到医院,(将牌子放在医院那面的篮子里)再从旁边的平路返回继续进行游戏。

师(小结):两人合作抬担架,一定要控制好脚步的快慢,才会稳当。

c. 再次鼓励幼儿选择不同的路线尝试。

四、放松活动

1. 跟着音乐做放松活动,体验做解放军克服困难完成任务的快乐。

2. 为勇于通过障碍积极救人的幼儿颁发奖章。

(四) 大班运动·分解活动案例

大班运动活动:跳短绳分解教学全过程方案概述(跳)

执教教师:周安民

在大班幼儿的体育活动教学过程中,跳短绳是一个难题,因为孩子出现的情况和问题很多,如有的不会摇绳、有的不能连续地摆动绳、有的跳短绳时越跳越远、有的脚比绳先落地,等等。因此,我们对大班幼儿学习跳短绳过程进行了研究,对动作进行了分解。

一、建立拿(放)绳常规

以小组为单位有序进行拿(放)绳。将全班按照早操队形分为六个组,幼儿将卷好的绳子放置于双脚正前方,然后立正站好。

二、分解动作一:单手摇绳(左、右)

游戏:小鸟的翅膀。

师:在一棵大树上有一只鸟妈妈孵出了很多小鸟,没过多久小鸟长出了小翅膀,不过翅膀太小了,没力气进行飞行,因此今天他们的妈妈就带领他们进行翅膀的力量练习。

方法:将一根绳子折成三折,然后各执一端,以手腕的转动带动绳子由后向前摇动。

规则:

(1) 摇绳时上臂要夹着身体,而绳子的摇动靠手腕的转动来带动它。在这个练习中孩子容易用整个手臂的摇动来带动绳子的摇动,因此在练习中一定要跟幼儿说清楚动作要领。

（2）由后向前摇动时,绳子形成的图形是一个圆;这个过程幼儿很容易形成左右不同步的圆,甚至形成不规则的圆,因此要注意纠正幼儿手腕的转动方向。

三、分解动作二:双手摇绳

游戏:小鸟试飞。

师:通过上次的练习,小鸟们那小小的翅膀都充满了力量,今天他们就要进行试飞了,不知道大家准备好了吗?

方法:将绳子拴在腰间并打结,接着把结划到背后,然后两手抓住绳子的两端进行与单手摇绳相同方法的摇绳练习。

规则:在摇的过程中同样要求两臂夹住身体,利用手腕的转动来带动绳子的摇动;在幼儿熟悉动作的基础上,让幼儿手边摇脚边做各种各样的动作,如单脚跳、双脚跳等。这样让幼儿体会手与脚配合运动时的协调感。

四、分解动作三:摇绳跳圈

游戏:摇绳过圈。

师:小鸟们通过前几次的训练,都有了很大的进步,但还有一定的缺点,那就是在飞行中翅膀是扑哧扑哧乱飞,如果没节奏大家就会掉下去的。因此,今天老师就来训练大家的节奏感。

方法:绳子拴在腰间,两手拿着绳子两端,把多余的一节绳子留出来,然后边摇绳子边进行双脚跳跃过圈的练习。

规则:

（1）手摇一次,脚跳一次;

（2）双脚跳进圈,然后跳出圈,连续进行;

（3）跳时腿稍微弯曲缓冲,前脚掌着地,身体保持正直。

在这个练习中,注意跳跃时的节奏。有的孩子会出现多摇少跳的现象,而个别孩子会出现摇一次跳几次的情况。因此,在规则里面就规定手摇一次脚才跳一次,不能多摇少跳或少摇多跳。

五、分解动作四:跳荡绳

游戏:跳荡绳。

师:小鸟们通过前几次的训练都成功了,基本上都能翱翔于蓝天上。但是由于腿部力量太弱而导致一些小鸟掉到了地上,因此今天老师就让大家多练习脚的力量,让大家都能翱翔于空中。

方法:首先脚踩在绳子的中间,手拿绳的两端,然后双手摇荡绳,荡一次双脚就跳过去;然后又返回来,进行第二次练习,这样连续进行。

规则:

（1）绳的摇动要缓慢。

(2) 手的摇动和脚的跳跃要协调。

六、整合：跳绳

游戏：跳短绳。

师：小鸟们现在终于能和家人一起飞翔了，大家高兴吗？下面就请大家和老师一起先体会一下飞翔的滋味吧。

方法：将前面的几个动作综合起来进行练习。

经过以上六个步骤，再加上幼儿的练习和成人的指导，幼儿从不会跳短绳成长为基本上会原地并脚跳短绳，实践证明是可以完成的。

大班运动活动：勇敢的侦察兵(跳)

执教师：唐路林　张群羚

一、活动目标

1. 喜欢参加侦察兵的活动，体验寻宝的乐趣。

2. 在从易到难的分解动作中练习助跑跨跳，能助跑跨跳过高 25cm 宽 30cm 左右的障碍物，提高身体的协调性和灵敏性。

3. 能以"1、2、3、跨"的节奏练习"跨"的动作，不和他人碰撞。

二、活动准备

1. 场地准备：如图 2-24 所示。

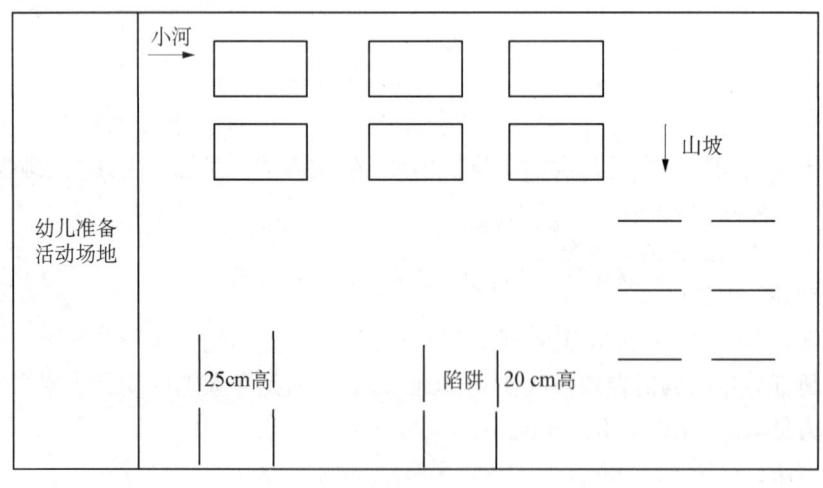

图 2-24

2. 宽泡沫垫(60 cm 宽)6 张、跨栏(40 cm 高)6 个、橡皮筋 4 条、宽 30 cm 的椅子。

3. 欢快的音乐。

三、活动过程

（一）准备活动

师：今天我们扮演小小侦察兵，你们愿意吗？小小侦察兵们，分成两组排队集合。立正、小小侦察兵（幼儿回答：到）。原地踏步走（跟我一起喊：1、2、1）。分队走，合队走，齐步走（手甩起来，脚踏起来，腿抬高）。立定，跑步走（手臂摆起来）。小小侦察兵们，真有精神，今天我们的任务就是去寻宝藏。

（二）基本活动

1. 情景设置

师：小小侦察兵们要到森林里寻宝藏，但是要通过宽宽的小河、高高的山坡和又宽又深的陷阱，你们有信心吗？

2. 分解动作一：跨

师：现在我们要跨过宽宽的小河，我们先来念一念我们走的节奏。（幼儿与老师齐念"1、2、3 跨"）

你们要按照"1、2、3 跨"的节奏依次跨过小河，一定要从小河的上面跨过，不能跨到小河的两边。跨过小河后站在小河的两边为后面的侦察兵加油。

师：我发现有些侦察兵跨完后主动给后面的侦察兵加油，XXX 侦察兵能够把步子跨得大大的，真不错；可是有些侦察兵没有按照"1、2、3 跨"的节奏往前跨。现在我们再来跨一次，争取每个侦察兵都能按照节奏大步跨过小河。

3. 分解动作二：跨跳

师：小小侦察兵们，你们真不错，都顺利地过了第 1 关。现在我们齐步走到第二关吧。

师：现在请侦察兵们跟着我一起打着节拍过山坡，要拍几下？（3 下）

我们一起来打节拍。（幼儿与老师一起拍手三次）

师：我们按照"1、2、3 跨"的节奏依次跨过山坡，跨过山坡后站在山坡的两边为后面的侦察兵加油。

师：小小侦察兵真不错，这么高的山坡都能够把腿抬得高高地跨过。但是我发现有些侦察兵把山坡弄倒了，我们再来一次，这次都要把腿抬得高高地跨过山坡。

师：小小侦察兵们，我们已经顺利过了第二关，你们真厉害。我们齐步走到第三关吧！

4. 分解动作三：跑—跨跳

师：糟糕，第三关是又宽又深的陷阱，请1、2、3组的侦察兵站到右边，4、5、6组的侦察兵站到左边，我们一起来想想怎么跨过陷阱。

师：谁想来试一试。

师：XXX 来试一试。

师：他没有跨过陷阱,谁愿意来试一试?

师：XXX 跨过陷阱,我们学学他是怎么跨的。站在离陷阱较远的地方跑过去,在陷阱前蹬地,跨过陷阱。你们想不想来试一试?

师：1、2、3 组站右边,4、5、6 组站左边。我们按照"1、2、3 跨"的节奏依次跨过陷阱,然后站到两边为后面的侦察兵加油。

师：我发现很多侦察兵都能跨过陷阱,因为他们都是快速跑到陷阱前,用力蹬地跨过陷阱,我们再来试一试吧!

师：很多侦察兵都跨过了陷阱,真不错。我们已经通过了所有的关卡,现在可以去寻宝啦。

5. 从易到难整合游戏：寻宝

小小侦察兵们,我们齐步走到出发点,依次通过三个关卡,然后在篮子里取得宝物,最后我们站在红色的线上为后面的侦察兵加油!(教师重点关注关卡三"陷阱")

(三)放松活动

师：小小侦察兵们,你们累了吗? 我们把宝物先放在篮子里,再放松放松身体吧。(可以用早操最后的音乐放松四肢,然后听音乐回到原点上敬礼)

师：小小侦察兵敬礼。以×××为中心向中看齐。今天的寻宝任务顺利完成,解散。

大班运动活动：移动的凳子(爬)

执教教师：张群羚

一、活动目标

1. 喜欢观察模仿、乐于尝试从仰面手脚着地爬到不同爬行方式的难度渐进分进式分解游戏,体验运动的快乐。

2. 知道仰面手脚着地爬的支撑方法,并能用不同的仰面手脚着地爬方式移动爬行。

3. 在活动中有敢于创新、坚持不懈、勇于挑战的精神。

二、活动准备

音乐、平衡木、凳子、垫子、积木。

三、活动过程

(一)准备活动

幼儿随教师和音乐活动身体,主要活动手臂和腿部。用凳子的形象激发幼

儿学习仰面手脚撑地爬的兴趣。

（二）基本活动

1. 导入凳子形象，模仿学习。幼儿自由模仿，相互比较动作，选出仰面手脚着地爬的动作

师：看看这是什么？（凳子）它长什么样的，请用身体学一学，想想怎么把身体变成凳子的样子？

2. 分进式分解：初步了解仰面手脚着地的动作要领，并进行练习

仰面手脚着地爬动作要领：屈膝坐地，双手分别放在身体两侧，手掌向前，腿和手臂同时用劲，撑起身体，把身体尽量放平。

分进式第一步：教师引导幼儿进行规范动作练习。

分进式第二步：教师引导幼儿感受在原地前后移动支撑重心。

分进式第三步：教师引导幼儿感受在原地左右移动支撑重心。

3. 分进式分解：仰面手脚着地爬行，幼儿自由探索出不同的爬行方法（会移动的小凳子）

（1）分解仰面手脚着地向前爬行的方法，幼儿自由探索发现不同爬行方法。

师：小椅子每天看着小朋友们跑来跑去玩耍，它也想四处走走玩玩，请你们来帮它实现愿望吧。你觉得凳子可以怎么移动？请你想一想。

（2）教师总结较好的分解爬行方法，请幼儿个别示范，分享自己探索发现的方法。

分解爬行一：腿部方向朝前，向前爬行。

分解爬行二：身体侧面朝前，向前爬行。

分解爬行三：头部方向朝前，向前爬行。

（3）练习分解仰面手脚着地爬行的三种方法。

幼儿依次有序地练习：腿部方向朝前向前爬行，身体侧面朝前向前爬行，头部方向朝前向前爬行。

师（小结）：你们完成得非常棒，都是有力量、能坚持的"小椅子"，小椅子除了想要有力量以外，它还想要当稳稳的小椅子，怎样证明小椅子是稳稳的呢？那就要在小椅子的椅面上找一个最稳的地方放个积木，将积木不落地地运到终点，那就能证明它是稳稳的、棒棒的小椅子。要做到稳稳的应该注意什么？速度一定要慢，不能太快。

3. 整合仰面手脚着地爬行游戏：争做稳稳的、棒棒的小椅子

玩法：比比谁更稳、更牢固，幼儿选择自己喜欢的不同仰面手脚着地爬方式将积木稳稳地运到终点。

规则：游戏途中手不能碰积木，积木放稳了再出发。如果不小心掉了，可以

把积木重新捡起来放好后继续往前爬行,但会被扣分。重点培养幼儿坚持不懈、敢于挑战的精神。

师(小结):哪些小椅子的沙包一次也没有掉呀?真棒,这么多稳稳、棒棒的小椅子,掉了沙包的小椅子也没有关系,我们要多多锻炼,让身体更有力量。

(三)放松活动

跟老师随音乐放松全身。重点放松手臂和腿部,放松肌肉。

大班运动活动:打蚊子(投掷)

执教教师:易洪红

一、活动目标

1. 通过分解动作练习前后脚站立,眼睛找准目标,挥臂向前投高、投远和投准的动作。

2. 能相互观察学习,投掷完后站到两边指定位置观摩同伴动作。

3. 喜欢参加体育运动。

二、活动准备

1. 蚊子压膜图片贴在水管上。

2. 沙包(重 100 g)。

3. 幼儿已有一定的投掷经验。

三、活动过程

(一)准备活动

韵律操,幼儿活动四肢,重点活动上肢。保育老师检查并布置场地,为出汗幼儿脱去外套。

(二)基本活动

1. 情景引入

师:哎呀,什么东西咬到我了,起了一个包,好痒啊,小朋友们帮我找找,是什么东西咬了我!(幼儿寻找并发现蚊子)

师:这么多蚊子,冬天到了,它们有什么特点啊?(趴着不动)想个办法消灭它们。(幼儿集体想办法,引入投掷)

2. 分解难度一:自由投掷

要求:站在指定线外,不要靠近蚊子。

(1)幼儿自由投掷。

(2)教师小结幼儿的投掷结果。

3. 动作练习

(1) 教师示范并集体练习动作,前后脚开立,眼睛盯住目标,向前挥臂投掷。

(2) 个别幼儿示范,教师点评核心经验。

4. 分解难度二:打不动的蚊子

(1) 幼儿分组进行"打蚊子"游戏,打完后站在指定的位置观摩别人的动作和结果。

(2) 教师小结幼儿的动作,请打中目标的幼儿分享经验。

5. 分解难度三:会飞的蚊子(增加游戏的难度)

(1) 告知幼儿蚊子被吵醒了,飞起来了,难度增加了。

(2) 幼儿再次打会飞的蚊子,提醒幼儿动作要到位,眼睛盯准目标投掷。

6. 评价

教师评价幼儿对动作的掌握和投掷的结果。

(三) 放松活动

跟随教师听音乐放松身体,调整呼吸。

大班运动活动:火炬接力(跑)

执教教师:夏姗

一、活动目标

1. 有迎接奥运的自豪感,体验竞赛的乐趣。

2. 懂得接力赛规则,能够较准确地交接棒。

3. 能用正确的姿势跑步,自觉遵守接力赛规则。

二、活动准备

五个福娃图片、各个传递地点的地名、火炬接力棒两根、红色水彩笔一支、在活动前孩子认识各个地点的字和五个福娃的名字、有拿金牌得第一的意识、用粉笔画出游戏路线。

三、活动过程

(一) 准备活动:用"小孩小孩真爱玩"的游戏活动进行准备(重点在跑的姿势)

1. 讲解准备活动的要求

师:小朋友们,你们知道 2008 年是什么年吗?(奥运年)对了,是奥运年。那么,你们知道 2008 年奥运会的吉祥物是什么吗?(福娃)今天,老师就把福娃请来和我们一起做游戏。只要老师说"小孩小孩真爱玩,摸摸欢欢跑回来",你们就要去摸摸福娃欢欢再跑回来。在跑的时候手臂屈肘摆臂、脚后跟提起来跑,好吗?

2. 准备活动"小孩小孩真爱玩"

教师打乱顺序将五个福娃都喊一遍(活动时可以逐渐加快节奏,让幼儿跑得快一点,这时候保育老师与老师应该共同提醒孩子注意跑步姿势的正确,并且提醒孩子跑得稍微快一点,老师离福娃稍微远一点)。

(二)基本活动

1. 分解动作一:学习交接棒动作(练习迎面接力,老师教授交接棒的方法)

(1)师:小朋友们,今天我们也要像奥运会的叔叔阿姨一样进行接力赛,想不想玩?(将孩子带至跑道,老师将小朋友分成两组)

(2)进行迎面接力赛一次。

(3)提问:怎样才能跑得更快拿到第一名?除了要使劲往前冲,在交接棒的时候有没有什么技巧?

师:那么,老师告诉你们一个拿第一的小秘密,想不想学?就是在交接棒的时候你首先要伸出你们的右手随时准备接棒。别的小朋友如果拿的是接力棒的下端,那么你接棒的时候就应该接接力棒的上端。相反,如果别人拿的是接力棒的上端呢?对了,你们就应该拿下端。并且跑完了以后就从对方的右边跑回队伍中去。

2. 分解动作二:练习交接棒动作(进行短距离接力两次或三次)

教师利用跑道中间的虚线请幼儿进行近距离交接棒的练习。在练习的同时教师进行交接棒的指导。保育教师和教师各负责一边的幼儿。

3. 动作组合练习:跑以及交接棒的动作(游戏:火炬传递)

(1)讲解游戏内容和规则。

师:小朋友们,你们已经练习了交接棒的动作,不会再掉棒,并且也能够把棒传递得非常快了。那么我们就来一个火炬接力赛!看,老师在那边已经准备好了各个火炬传递点。我们一起来看看有哪些"城市"呢?(老师和孩子一起读出各个城市的名字)好,现在小朋友自己找一个"城市"站好。看到老师在地上画出的火炬传递路线了吗?就跑在这个中间。站在这边的是福娃晶晶队,站在那边的是福娃贝贝队。请福娃晶晶队举手!请福娃贝贝队踩踩脚!对了,那么我们看谁先将火炬传递到"北京"哪个队就算赢,老师就会在他们这一组的福娃图片上画上一面小红旗,哪一队的小红旗拿的多哪一队就算赢,就是第一名,好吗?

(2)开始游戏,在游戏的时候请小朋友为自己的队员加油。

游戏结束后小结:从交接棒的方式及规则角度进行小结。为孩子总结经验并且再次游戏。(游戏两至三次)

四、放松活动

为赢的那一队颁奖,带领幼儿跟随音乐放松身体。

大班运动活动：小小解放军(投掷)

执教教师：夏姗

一、活动目标

1. 体验投掷的乐趣,乐意将沙包投得又高又远。

2. 掌握投得又高又远的正确姿势,动作协调。

3. 遵守游戏规则。

二、活动准备

1. 班级孩子每人一个沙包;用于遮挡在身前的布;小红旗若干;音乐《打靶归来》《学做解放军》;奖牌。

2. 经验准备：能够6组变3组的合队走。

三、活动过程

(一)准备活动

1. 教师用"小解放军马上要去练习投掷的本领"方式激发孩子学习运动的兴趣。

师：小小解放军!(到!)小小解放军,以早操队形集合!全体立正!向前看齐,小手放下。稍息。今天,我们要去练习投掷的本领,把投掷的本领练好了才能够扔手榴弹打敌人!

2. 播放音乐《学做解放军》,幼儿准备动作：踏步、俯身瞭望、用身体学做小弹簧(身体后仰练习使用腰背力量),以及空手练投掷的动作。

(二)基本活动

1. 分解动作一：学习投掷投高投远的动作要领

(1)小小解放军向后转,面对前面的挡布。教师示范在挡布前进行投掷的方法。

动作要领：两脚分开站在挡布前,手拿沙包高高举起来,身体向后用力向下压,全身发力向前扔!

(2)请个别幼儿来进行示范,教师指导。强调一定要高高地、直直地举过挡布再扔出去。

(3)幼儿分组轮流进行练习。早操队形的6组,从1组开始一组一组地排队拿沙包站在挡布前尝试扔沙包。6组轮流扔完。教师进行个别的点拨和指导。

(4)小结：在投掷"炸弹"的时候手一定要高高地举起来伸直,然后向后压腰再像弹簧一样弹出去扔出沙包。教师再次示范动作要领：两脚分开站在挡布前,手拿沙包高高举起来,身体用力向后弯向下压,全身发力使劲向前投!(教师示范的时候请幼儿凭空跟着一起练习动作)

（5）请幼儿绕过挡布捡回沙包以后放回篮子里，以早操队形站好。6组合成3组进行再次练习。（所有幼儿练习完以后集体捡回沙包）

（6）撤去挡布，让幼儿练习。

师：小小解放军们，现在不要这个挡布了我们来比比看谁投得更高、更远。

（7）3组幼儿轮番进行投掷练习。教师喊1组，这组的幼儿就由第一名幼儿带头排队拿沙包站在线的前面进行投掷比赛。

（8）教师小结：教师根据幼儿的活动情景再次进行小结。

2. 综合练习：将动作运用到游戏中达到练习的目的（小战士投"炸弹"比赛）

仍是3组幼儿进行投掷。在投掷后教师将小红旗摆在投得远的沙包旁边，看看是谁投得最远并进行嘉奖。幼儿连续进行两轮比赛，评出谁是投掷冠军，并发奖牌。

（三）放松活动

师：小战士们，我们打靶结束了。该回去休息了，跟着我一起放松一下吧。（播放音乐《打靶归来》，教师带领幼儿随着音乐踏步甩手放松，并适当地放松腰、背部）

大班运动活动：火车钻山洞（钻）
执教教师：曾俊

一、活动目标

1. 巩固练习钻的技能。

2. 与同伴合作，体验协作游戏的快乐。

3. 发展协调控制身体动作的能力。

二、活动准备

1. 搭摆各种山洞（高矮、大小不同的山洞）。

2. 设计活动场地。

三、活动过程

（一）准备活动

师：孩子们，玩过开火车的游戏吗？我们来玩开火车游戏吧。（播放音乐）教师孩子一起游戏，为活动热身。

（二）基本活动

1. 教师引导幼儿谈话

师：你们刚才是怎么开动火车的？

幼儿：嘟嘟嘟……拉前面的小朋友……

2. 幼儿示范动作

师：刚才你们都说出了自己开火车的方法,都很不错,接下来请小朋友上来示范一次。(请出 3 位小朋友进行动作示范)

3. 探索钻山洞的不同方法

(1)提出问题。

师：刚才孩子们都示范了一些自己的方法,接下来我们的活动是钻爬大大小小的山洞,我们该如何穿过这些山洞呢?

(2)分解难度——孩子们在自由探索的过程中发现：要钻过高矮、大小不同的山洞要选择不同的动作去完成。

师：刚才大家说了很多种方法,接下来就按自己刚才说的方法钻山洞吧!

幼儿分组自由探索钻爬不同山洞的方法。

每组代表分享钻山洞的方法。

4. 倾听讲解,巩固钻的基本动作要领

(1)教师讲解。

师：刚才大家钻爬山洞,有的是正面钻,有的是侧面钻,还有的是仰面钻,我们有很多的方法。老师发现这一组山洞对你们没有什么难度,那接下来我们挑战更高难度的山洞好吗?

(2)分解难度——将各种大小、高矮的山洞进行组合,幼儿们分组依次通过山洞。

幼儿组队。每一组小朋友搭上火车钻过山洞,不能碰到山洞,看哪一组更快钻过山洞。

师(讨论)：在过山洞时,你们发现了什么问题?

快的一组分享,较慢的两组分享。

师(小结)：山洞大小、高矮不一样,我们通过的方法也不一样。

5. 小组比赛：体验自由组合山洞,搭火车通过

(1)游戏规则。

师：我们分 3 组,每一组自由组合 1 组山洞,要将高矮大小不同的山洞进行组合,搭火车通过山洞,不能碰到山洞,用时短的一组获胜。

(2)开始游戏(重复游戏)。

(三)放松活动

师：今天,我们的任务完成了,在游戏中老师发现每一组的小朋友都能积极思考问题,也非常团结,完成了任务,你们都很棒。

播放音乐,带领幼儿放松身体。

大班运动活动：往返跑（跑）

执教教师：周安民

一、活动目的

1. 积极参与活动，体验运动和交往的乐趣。

2. 整合各项分解动作，会往返跑，有一定的控制力、协调能力和平衡能力。

3. 能从分解动作中相互学习。

二、活动准备

1. 准备活动音乐、活动过程音乐、自由活动音乐、放松音乐、播放设备、平整跑道、灰太狼压簧图两张、红太狼立体图两张、压簧装置两套、深沟示意图两大张（一张略宽，一张略窄）、力量手环两个。

2. 大篮子八个、水果模型十六个、小圈三十二个、自制飞碟十六个、彩色报纸球十六个。

三、活动过程

（一）准备活动，幼儿热身

师：小朋友们，让我们跟着音乐动起来吧。（准备活动音乐起）

幼儿随着音乐自然分成两排，两臂伸展保持适宜间隔距离后随音乐做身体各部分的准备活动：颈部运动、手脚腕膝关节运动、扩胸运动、腹背运动、体侧体转运动、弓步压腿、跳跃运动、放松运动等。使幼儿在快乐运动中活动四肢的肌肉和关节，为后面的活动做铺垫和准备。（保育老师在跑道上依次放置水果模型）

（二）基本活动

1. 情景导入，感受分解动作的关键——停顿

师：小朋友们，前面有很多水果，让我们去摘一些回来吧。（活动过程音乐起）

幼儿向前跑动蹲地拿水果后跑回来，教师引导幼儿将拿回来的水果有序放入空篮子中，注意对幼儿进行安全教育。同时，提醒幼儿其余几个篮子空着，是不是被灰太狼偷偷地拿走了啊。（幼儿放置水果模型时保育老师放置十六个小圈在终点线外，终点线内放置略宽的那块表示深沟的纸板）

2. 跨过深沟，感受分解动作的重点——缓冲

师：老师已经侦查清楚了，灰太狼现在不在，不过在它藏东西的地方，有一条深沟，所以我们跑过去的时候一定要多加小心，别掉进沟里哦。（活动音乐起）

保育老师在起点组织幼儿开始活动，教师在终点附近提醒幼儿快到终点时适当缓冲，注意别踩到表示深沟的纸板。

3. 动作学习，体验分解动作的组合

师：刚才大家还是挺不错的，能够在快到深沟的时候适当放慢速度，跨过深

沟,不过有些小朋友的动作不够准确,差一点摔进沟里了,让我们来专门练习一下吧。(准备活动音乐起,保育老师设置装有压簧装置的两个灰太狼图片和另外十六个小圈)

组织幼儿分散两横排站立,进行原地基本动作的练习(原地跑、向前弓步、蹲下手往前假装拿东西、起身、转身、重心前移、继续原地跑、反复之前的动作)。幼儿练习时几个方位均要涉及,通过变换方位使幼儿的兴趣更加持久。

4. 夺回小圈,练习分解动作的组合

师:刚才小朋友们都很认真练习,动作也有进步。但是,灰太狼回来发现东西少了,正在深沟前等着抓我们,可还有许多小圈需要拿回来,你们愿意去吗?老师这里准备了两个力量手环,只要我们拿着它,就可以把灰太狼踩在地上,让它抓不到我们。但是,一定要踩住灰太狼去拿东西哦,要不然就会有危险。让我们一次拿一个,把小圈都运回到仓库的篮子里吧。(活动音乐起)

保育老师组织幼儿分为人数相等的两列再出发,注意拿一个后将手环交给下一位幼儿,将小圈放回指定篮子内。教师负责在终点线附近个别指导幼儿的踩狼、跨沟和取物动作。(结束后保育老师增添另一块表示深沟的略窄纸板)

5. 夺回飞碟,侧重分解动作的核心——跨步

师:小圈现在全部回到仓库里了,可是还有飞碟没有拿回来,而灰太狼又把深沟挖大了,这就需要我们步子再大一些才能拿到,有信心么?(待幼儿回答"有"之后播放活动过程音乐)

按照上一个环节进行组织,保育老师和教师站位和指导要点亦同上,同时教师要重点注意幼儿跨步的情况进行指导。(结束后保育教师增添红太狼立体图)

6. 夺回彩球,完整进行动作全过程

师:灰太狼已经挡不住拥有力量手环的我们了,现在红太狼出动了,它守在最后面,所以我们在拿了彩球之后一定要尽快转身跑回来,这样才安全。(活动过程音乐起)

按照上一个环节进行组织,保育老师和教师站位和指导要点亦同上,同时教师要重点注意幼儿转身的情况进行指导。

7. 自由活动,欢乐派对

师:现在被灰太狼偷走的东西全部拿回来了,小朋友们,让我们一起来运用夺回来的东西,彻底把灰太狼打倒吧。

幼儿用刚才运送的器械进行自由活动,教师侧重指导对着灰太狼投掷的幼儿,时间在3分钟左右,保育老师巡回观察幼儿活动情况,进行适当指导并参与其中。(自由活动音乐起,随后播放放松音乐)

（三）放松活动

师：灰太狼被我们打倒了，让我们把东西都送回篮子里，再一起放松一下吧。

在放松音乐中提醒幼儿收拾器械，引导幼儿进行放松活动。（保育老师整理器械）

最后，对活动进行简单评价，鼓励幼儿。针对幼儿的表现进行评价，重点表扬表现比较突出的幼儿和进步明显的幼儿。

大班运动活动：合作持物跑（跑）
执教教师：胡凤

一、活动目标

1. 能两两合作持有一定重量的物品进行快速跑步，动作协调、齐头并进。

2. 尝试在快跑中有节奏地呼吸，并能在奔跑过程中兼顾同伴的速度。

3. 有合作的团队精神，体验合作完成任务、帮助他人的成就感。

二、活动准备

1. 物质准备：篮子 10 个，塑料袋装沙 30 个，袋鼠跳口袋 10 个（装沙），轮胎 10 个。

2. 场地准备：如图 2-25 所示。

轮胎区	粮仓区	沙袋区	篮子区	（起点）

———————————— 20 m距离 ————————————

图 2-25

三、活动过程

（一）准备活动：沿一路和两路纵队跑

1. 谈话活动，激发幼儿成为解放军的兴趣

师：小朋友们，有个地方发生了洪灾，今天我要带领小朋友去帮助那里的小朋友。我就是你们的指挥官！听我指挥，能做到吗？

2. 整队进行热身，教师进行了"立正、稍息、向右看齐、向右转"等基本队形整队后，请幼儿围着场地外圈喊着"一二一"进行一路和两路纵队跑步。

师：听我口令一路纵队，准备出发到达目的地。

师：我们要加快行进速度,变两路纵队继续前进。

(二)基本活动

1.探索：双人合作抬篮子,协调跑步节奏

师：小朋友们的房子都被淹了,我们要用篮子运送东西去灾区。小朋友们一会儿两个人抬1个篮子到仓库,想办法让自己和同伴抬着跑时既要步调一致,又要省力,还要保证安全。

师：(选一组表现优秀的幼儿)他们刚才配合得很好,我们来看看他们是怎么合作的?

师：他们两个身体的位置如何? 身体朝向哪里?

小结：合作的两个人需要站在同一直线上并列跑,身体都朝向正前方。这样跑起来才能保证合作的两个小朋友抬东西省力又不会因为同伴太慢或太快而摔倒。

2.分解难度一：游戏——抬篮子,练习合作持大而轻的物品跑

师：我们运送东西到灾区是一件危险的事情,一定先练好抬东西的本领之后才能去灾区。

师：请小朋友两两合作抬着篮子排队,听口令跑到对面去。

师(小结)：刚才大家合作得很好,都能身体朝同一个方向并列跑步,你们可以去帮助灾区的小朋友了。

3.分解难度二：游戏——垒沙袋,练习合作持物快速跑

师：刚才我查看了一下,洪水就是从那边漫过来的,我们要把这些沙袋装在篮子里运过去把那里堵起来,大家注意了,抬沙袋的时候速度要加快,不然洪水越来越多,那就危险了。

师：刚才大家都运了几次沙袋呀?

师(小结)：有小朋友运了3次沙袋,说明他们跑步的速度最快。给他们大大的表扬。

4.分解难度三：游戏——抬粮食,练习合作持重物快速跑

师：现在洪水堵住了,可是灾区的小朋友好饿,我们每一组抬一袋粮食送到他们的学校去。粮食有点重,大家要注意两个人配合,齐头并进,保护同伴的安全。

师(小结)：虽然大家抬的粮食很重,但是在跑的时候,都能关注同伴跑步的速度齐头并进,做得很好。

5.分解难度四：游戏——铺小桥,练习合作持重物快速跑

师：洪水又漫过了沙袋冲进来了,现在我们要用轮胎一个接一个铺起来搭一座小桥,让受灾的小朋友能安全地从小桥上走过去。小朋友两人一组抬一个

轮胎快快过来搭小桥。

（三）放松活动

师：被洪水困住的小朋友都被大家解救出来了，大家辛苦了，我们坐下来休息休息吧，可以给自己和小伙伴按摩按摩。

大班运动活动：小马运粮食（平衡）

执教教师：唐路林

一、活动目标

1. 喜欢参加小马运粮食的游戏，体验帮助别人的乐趣。

2. 能头顶沙包平稳地走过高 20 厘米左右的轮胎，保持沙包不掉落。

3. 能遵守游戏规则，按要求依次走过小河。

二、活动准备

1. 曲线 2 条、梅花桩 12 个、轮胎 12 个、粮食（约 50 克的沙包）。

2. 场地准备：如图 2－26 所示。

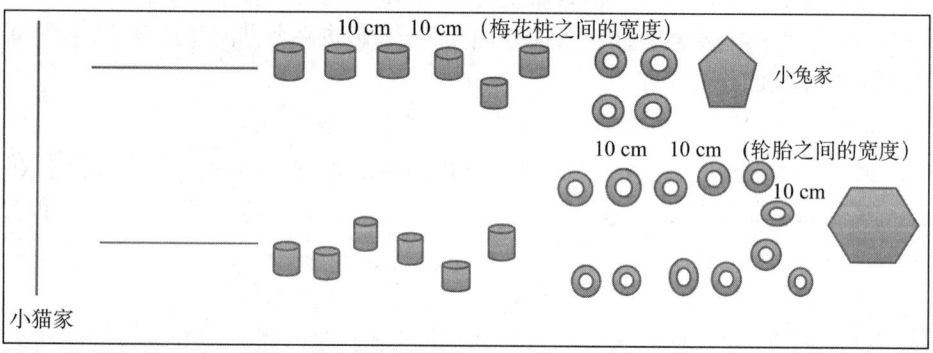

图 2－25

三、活动过程

（一）准备活动

师：我是你们的马妈妈，你们是我的马宝宝。马宝宝们，起床了！

动作顺序：揉眼睛（活动手腕）——伸懒腰（上肢）——穿衣服（上肢）——穿裤子（弯腰）——穿鞋子（下肢和脚踝）——洗脸（上肢）——刷牙——两匹小马手拉手玩旋转游戏。

（二）基本活动

1. 情景设置：为小兔子和小猫送粮食

"叮叮叮。"（电话铃声响起，老师做接电话动作）

师：小兔和小猫生病了,不能过河运粮食,想请小马们帮他把粮食运过小河,你们愿意吗?

2.练习过河本领

(1)分解难度一:走过平衡木。

师：瞧,在我们面前有一条弯弯曲曲的小路,小马们可以眼睛向前下方看,两手侧平举,慢慢向前走。前面一匹小马走到转弯的地方,后面一匹小马才出发。

师：刚刚有些小朋友从平衡木上掉下来了,我发现有些小马能够很平稳地走过平衡木,他是把双臂展开,身体站直,眼向前看,慢慢向前走。(及时表扬有进步的幼儿)

(2)分解难度二:通过有高度的石头。(两梅花桩之间的宽度分别是 20 cm 和 25 cm)

师：前面就是小河了,不过小河里有高高的石头,我们可以踏着石头过小河。小马们一定要走稳。前面一匹小马走到第三块石头的时候,后面的小马才能出发。

师：有些小马不小心掉到河里了,小马们,你们过小河的时候除了要展开双臂,身体站直,眼向前看,慢慢向前走,在跨到另一块石头上时,可以停一停,再继续向前走。

幼儿再次练习走过平衡木。

(3)分解难度三:通过有一定高度和宽度的轮胎。

师：前面有两条路,一条是通往小兔家的,一条是通往小猫家的,我们先到更远的小猫家去看看吧!

师：有些小马直接跨过轮胎,粮食很容易就掉到了河里,我们可以沿着轮胎边缘慢慢走。

幼儿再次练习。

师：我们把食物送给小猫吧。

3.小马们自由选择路线运粮食(难度组合练习)

师：现在我们都熟悉了通往小兔家和小猫家的路,小马们可以自由选择路线为小猫和小兔运粮食。想为小兔运粮食的就通过高高的石头,想为小马运粮食的就通过又宽又高的石头,小马们过小河的时候可要注意安全! 如果粮食掉了,要立刻捡起来继续向前走。(幼儿自由选择路线练习)

(三)放松活动

师：我们为小兔和小猫送了这么多吃的,小兔和小猫为了感谢我们,要邀请我们参加舞会啦!

幼儿随着音乐放松四肢。(重点放松四肢)

大班运动活动:捕鱼(跑)

执教教师:陈川

一、活动目标

1. 愿意在不同的分解难度中不断练习,体验捕鱼游戏的快乐。

2. 能在难度递进中运用急停急起、快速转身的方法,进行追逃躲闪的游戏,通过快速移动和奔跑,发展身体灵敏性。

3. 能遵守游戏规则,按要求在池塘里游戏。

二、活动准备

场地上划出一定范围(或利用篮球、排球、网球场)作为池塘;准备小竿1—2根,一端系一个用竹(藤、塑料、废旧电线等)圈做的钓钩。

三、活动过程

(一)准备活动

1. 集合整齐:基本队列(立正、向前看齐、原地踏步)。

2. 热身活动:幼儿扮演小鱼跟随教师在池塘内游动热身,教师提示幼儿遵守秩序,一个接一个跑动,途中不拥挤推拉。

师:在池塘里有一群聪明的小鱼儿,它们有时候游成"一"字形,有时候游成圆形,有时候游成方形,接下来就请小鱼们跟着老师一起来游出这几个队形吧!

(二)基本活动

1. 游戏1:聪明的小鱼(分解难度一:急停)

师:我们的小鱼非常聪明,跟着老师游出了许多队形,如果你遇到了捕鱼的人你能想出办法保护自己吗?

游戏方法:教师站在中间的小岛上,用准备好的渔网扮演捕鱼人开始网鱼。游戏开始,鱼儿在池塘里自由活动,遇到抓捕时可蹲下躲进水草,钓鱼人用钓钩套鱼的头,被套中者暂时退出池塘。

游戏规则:1.游出池塘算失败;2.鱼儿钻进水草捕鱼人不能捕鱼;3.鱼儿不能接触渔网和捕鱼的人。

师(提问):你是怎样躲避主人的渔网的?

师:在我们游动的时候,看着鱼网的方向,突然停下来,然后蹲下。

师(提问):你觉得怎样在跑动中马上停下来?

教师示范:两种示范动作对比,一种是跑动中急停时,两脚并拢站立和两脚前后开立;一种是前后开立后,重心下降和重心不下降。幼儿进行对比讨论后,

教师小结急停要点——两脚开立重心下降。

2. 游戏2：无处可躲的小鱼（分解难度二：急停后急起）

教师加大难度，将水草清理干净，提示小鱼游动中无处可躲，并再次进行游戏。

师：小鱼儿真聪明，不仅游得快，还知道钻进水草躲起来。这次我要把水草都捞起来，让你们无处可藏。大家想一想这下该怎样躲避呢？

师（提问）：你是怎样躲避主人的渔网的？

师（总结）：鱼儿在游动的时候，看见渔网向他扑过来了，突然停下来，改变方向游走了。

教师示范并总结动作要领：跑动中两脚前后开立急停后，脚尖踮起蹬地向另外方向跑动。

3. 游戏3：好饿的小鱼（练习急停急起的连续动作）

师：主人要给鱼儿喂食。每次小鱼都会看主人的手势寻找食物。

教师朝前、后、左、右方向喂食，手向上举表示立即停下。幼儿观察手势进行急停变向跑。

4. 游戏4：灵活的小鱼（分解难度三：急停急起后快速转身）

教师组织幼儿运用急停急起、快速转身的方法再次进行游戏。

师：现在鱼儿们都吃饱了，主人把池塘修宽了，主人在中间的小岛上再也捕不到鱼了，主人只有划着小船来捕鱼。鱼儿们，用你们刚刚学到的本领躲避渔网吧！

（三）放松活动

放松游戏——快乐的小鱼。

四、分解式游戏教学模式的保障

任何一项工作的顺利开展都需要一定保障。分解式游戏教学模式在幼儿园的顺利实施也需要相应的保障，除了前面所提到的活动内容外，幼儿园还为模式的顺利开展提供了两大项保障，即包括执教教师和执教安排在内的软件保障，以及包括园所场地、器材器械在内的硬件保障。

（一）软件保障

1. 实施与目标的实现者——教师

红岩幼儿园从事运动-健康的教育研究已有近三十年的历史，教师们在不断开展研究的过程中积累了丰富的运动活动设计、组织、安全保护的成果与经验，如图 2-27 和图 2-28 所示。鉴于分解式游戏教学模式关键在于对动作的合理分解与对分解式游戏教学法的合理运用，红岩幼儿园课题组特邀相关领域专家与教师一同对每项动作进行一次次的分解与研究。

图 2-27

图 2-28

经过一次次的讨论与分析，教师们不但提升了自身运动活动的执教水平，更是对动作的分解执教以及分解式游戏教学模式的运用有了清晰的理解和掌握。

在厘清思路后,教师更是在专家的带领下,对分解式教学法进行了"试测",并通过一次次的总结最终确定了分解式游戏教学模式实践研究的目标内容体系和方案。

2. 实践与目标的连接者——执教安排

《3—6岁儿童学习与发展指南》(以下简称《指南》)中明确指出:每天为幼儿安排不少于两小时的户外活动,其中体育活动时间不少于1小时,季节交替时也要坚持1小时体育活动。对于运动活动的安排不仅是为了遵循《指南》,促进幼儿运动能力的发展,更是为分解式游戏教学模式的实践提供了保障。

表2-17　红红大一班一周活动安排表

	上　午	下　午
星期一	仿编诗歌:梦里的小溪(与"美术活动:奇妙的大街"分组) 运动活动:小汽车接力赛(跑) 活动区:美工区	仿编诗歌:梦里的小溪(与"美术活动:奇妙的大街"分组) 运动活动:谁的小球(抛接) 智力游戏:猜猜我是谁
星期二	语言活动:上路了,神奇的工具 运动活动:小猎人(投掷) 活动区:科学角	健康活动:交通安全我知道 球类游戏:花式拍球(难度分解) 结构游戏:各式各样的工具
星期三	数学活动:数数算算(1) 运动活动:跳绳比赛 活动区:益智区	艺术活动:孤独的牧羊人 全园体能活动
星期四	科学活动:跟我上太空(与"艺术欣赏:洗手歌"分组) 运动活动:大型玩具 活动区:阅读区	科学活动:跟我上太空(与"艺术欣赏:洗手歌"分组) 运动活动:奇妙的小桥(难度分解) 角色游戏:小导游
星期五	社会活动:交通标志小达人 运动活动:助跑跨跳(分解) 活动区:美工区	数学活动:数数算算(2) 民间运动游戏:老鹰捉小鸡 娱乐游戏:动画城

表2-18　岩岩中二班一周活动安排表

时间 ＼ 内容	上　午	下　午
星期一	舞蹈:小格桑(分组) 数学活动:方方的图形(分组) 运动活动:金龟子爬爬爬(钻爬) 活动区:益智区	舞蹈:小格桑(分组) 语言活动:我喜欢的朋友(分组) 球类活动:定点拍球 结构游戏:小飞机

（续表）

时间＼内容	上　午	下　午
星期二	科学活动：小熊学刷牙 运动活动：老鹰捉小鸡（走跑） 活动区：表演区	语言活动：谢谢小狗 运动活动：连续跳图（分合跳） 角色游戏：小超市
星期三	美术活动：茶壶（分组） 数学活动：方方的图形（分组） 运动活动：运皮球 活动区：看图书	美术活动：茶壶（分组） 语言活动：我喜欢的朋友 综合游戏：大型玩具 功能室：玩沙、建构分组
星期四	音乐活动：大皮球 运动活动：快乐的小袋鼠（跳跃） 活动区：美工区	运动活动：走走跑跑 运动活动：小兔拔萝卜（平衡） 语言游戏：见面问声好
星期五	科学活动：果汁精灵 体能活动	社会活动：我和你一起玩，好吗？ 运动活动：飞盘飞起来（投掷） 剪纸游戏：各种各样的形状

从表 2-17 和 2-18 可见，红岩幼儿园在活动安排上充分保障了运动活动和分解式游戏教学模式的实施。从中大班的周活动安排中可以看出，红岩幼儿园每日保证幼儿两次户外运动活动的时间（上午、下午各一次）。在设计和组织每日的运动活动时，课题组以及班级教师提前充分考虑，确定好哪项活动运用分解式游戏教学法进行动作学习、哪项活动用分解—整合的方法进行练习、哪项活动教师需要先了解班级幼儿情况再进行组织开展等。

3. 实践与目标的保障——家园共育

"家园共育"是通过家庭和幼儿园共同努力达到整体效果最优化的一种共育教育模式，具体是指由幼儿园、幼儿家庭、幼儿所形成的三位一体的教育联合体，并通过幼儿园和家庭双方多层次多维度的双向互动形成教育合力，最终指向幼儿的发展。针对运动-分解，红岩幼儿园也充分利用"家园共育"这个实践与目标的保障者，引导家长充分参与幼儿园教育，通过班级家长会、家长沙龙、幼儿园家长讲座等让家长充分了解科学的育儿方法以及正确的运动教育方法，并能够采用亲子练习的方法配合幼儿园的运动教育，最后再通过每学年一次的班级亲子运动会和幼儿园体育节展示家园运动教育的成果，继续保障运动-分解教育的实施，如图 2-29 所示。

图 2-29

（二） 硬件保障

除了软件保障之外，幼儿园也在有限的环境中巧妙利用空间和智慧，努力为分解式游戏教学模式提供最优化的硬件保障。

首先，合理利用校园、房屋建筑等开辟了多个符合安全规范的运动场地（如图2-30），保障了不同季节、不同气候幼儿的运动活动，同时也为分解式游戏教学模式的开展提供了必要的场地保障。

图2-30

　　其次,合理设计各类运动器械,在为幼儿提供快乐运动游戏的同时,也提供了攀爬、悬吊、平衡、力量等综合运动的机会,真正做到在游戏中运动,在运动中成长。

图 2 - 31

　　另外,幼儿园还充分发挥教师的聪明才智,动手动脑,巧妙地利用幼儿园材料或废旧物品,制作了适合托小中大四个年龄班幼儿使用的运动器材,为教师在执教运动活动或运动—分解活动时提供了支持。如图 2 - 31 所示。

　　以下为红岩幼儿园教师自制运动器材。

名　称：迷宫	**适用年龄班：托班**	
发展动作：钻、爬、躲藏		

　　玩法： 幼儿由不同入口进入。可以在迷宫里自由躲藏,自由钻爬,体验遇见小伙伴的惊喜,感受钻出迷宫的成就感。教师边指导游戏边念儿歌:"小宝宝,钻迷宫,一个接着一个来,见到朋友问声好,不推不挤有礼貌。"如图 2 - 32 所示。

图 2-32

| 名称：轿子 | 适用年龄班：托班 |

发展动作： 平衡、走跑

玩法： 在轿子里装上小球，分别由两名幼儿抬着轿子向前走或跑，要保持轿子的平衡，不让球掉下来。教师边指导动作边念儿歌："抬轿子呀抬轿子，你在前呀我在后，你不慌呀我不急，一步一步要抬稳。"如图 2-33、图 2-34 所示。

图 2-33

图 2-34

| 名称：小动物手垫 | 适用年龄班：托班 |

发展动作： 爬

玩法：

1. 练习双手交替向前爬。喂小动物：幼儿两只手掌上分别套上小猫和小狗图样的"手掌"，然后在软垫上贴上小鱼和肉骨头的图片，宝贝们在小猫吃鱼和小狗吃肉骨头的游戏中练习双手交替爬行。教师边指导动作边念儿歌："小猫小狗别着急，我来喂你吃东西，小猫爱吃鱼，小狗爱吃肉骨头，吃饱肚子做游戏。"如图

2-35 所示。

2. 练习用膝盖向前爬,避免用腹部"蠕动"爬行。荡秋千:用软软的小枕头垫在幼儿的腹部,教师轻轻提起小枕头,帮助宝宝减轻腹部的力量,促使宝宝用膝盖向前爬行。教师边指导边念儿歌:"小宝宝,别着急,我来帮帮你,膝盖着地向前爬,一步一步就会爬。"如图 2-36 所示。

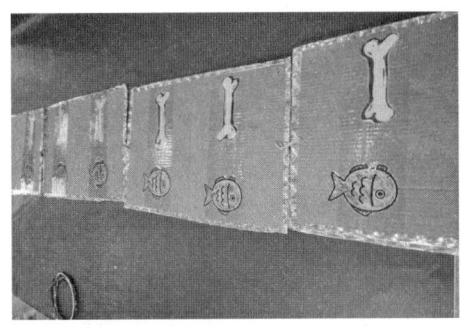

图 2-35

图 2-36

名称: 金龟子　　　　　　　　　**适用年龄班:** 托班
发展动作: 爬、滚

玩法: 练习手脚协调向前爬。金龟子拾果果:教师与幼儿一起扮演金龟子,在"拾果果"的游戏情境中练习向前爬,爬到终点时幼儿可以在地上打个滚,让果子粘在背上,也可以捡起果子粘在自己背上。教师边指导边念儿歌:"金龟子,本领大,双手交替向前爬,膝盖着地不要怕,运回果子人人夸。"如图 2-37、图 2-38 所示。

图 2-37

图 2-38

名称：**长颈鹿变变变**　　　　　　适用年龄班：**托班**

适用动作：投掷、滚球、套圈

图 2-39

玩法：

1. 喂长颈鹿：以喂长颈鹿吃东西为游戏情景，可以从两个圆圈处投掷东西，也可以用滚球的方式从另一面滚球进洞。（投掷、滚球，见图 2-39 和图 2-40）

图 2-40

2. 给长颈鹿戴项链：以为长颈鹿戴项链为游戏情境，在适合的距离处投掷，给长颈鹿套圈。（套圈，见图 2-41）

图 2-41

名称：**喂小狗吃东西**　　　　　　适用年龄班：**托班**

发展动作：投掷

玩法： 以喂小狗吃东西为游戏情景，幼儿分组站在线外向狗狗的大嘴巴里扔

东西,对扔进去的幼儿给予表扬。教师边指导动作边念儿歌:"小狗小狗你别哭,我来喂你吃东西,小手举高脚站稳,投进嘴巴喂给你。"如图2-42、图2-43所示。

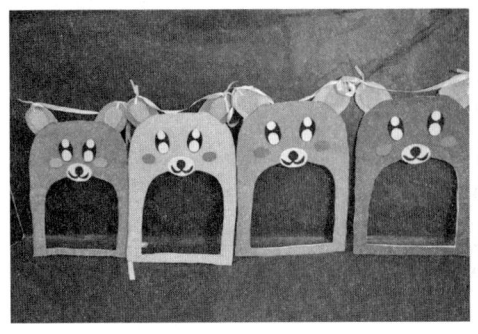

图2-42

图2-43

名称:彩虹圈　　　　　　　　**适用年龄班:托班**

发展动作:跳、走跑、投掷

玩法:

1. 以寻找彩虹糖为游戏情景,引导幼儿跳过彩虹圈去寻找糖果。如图2-44所示。练习双脚并拢向前跳的动作技能。教师边指导动作边念儿歌:"小宝宝,跳圈圈,双脚并拢向前跳。轻轻起,轻轻落,跳过圆圈去吃糖。"(跳)

2. 以开火车为游戏情景,将圆圈连在一起,每个幼儿身上套一个圆圈,玩开火车的游戏。教师边指导动作边念儿歌:"嘿嘿,我的火车要开了,去哪里?"幼儿:"去XX。"(走跑)如图2-45所示。

3. 以"看谁投得准"的游戏来激发幼儿的兴趣,引导幼儿瞄准圆圈投掷,投进圆圈的给予奖励。(投掷)

图2-44

图2-45

名称：彩圈　　　　　　　　**适用年龄班：小班**

发展目标： 通过游戏锻炼幼儿钻爬动作,初步懂得轮流玩的规则,学会一个跟一个走。

玩法：

1. 小火车钻山洞：将彩圈竖起来和其他辅助体育器材一起夹牢固定,让幼儿从中钻爬。彩圈摆放线路可以是直线、弧线、S形线等,彩圈摆放地点可以选择平地与坡地结合。如图2-46所示。

2. 铃儿响叮当：在彩圈顶部挂上铃铛,幼儿钻爬通过时尽量不要碰到铃铛。如图2-47所示。

图2-46

图2-47

名称：运小球纸板　　　　　　　　**适用年龄班：小班**

发展目标： 锻炼幼儿手臂肌肉与手腕的灵活度,发展幼儿平衡能力。

图2-48

玩法：

1. 运果果：幼儿双手拿纸板将果果运到篮筐里。

2. 滚动的小球：幼儿左右手各拿一个纸板,将小球从左滚到右,再滚回,做到小球不掉落。

3. 大家一起运：幼儿接力运果果。如图2-48、图2-49所示。

图 2-49

名称： 流星球　　　　　　　　　**适用年龄班：** 小班

发展目标： 发展幼儿抛、接、滚、挥臂投掷等运动能力。

玩法：

1. 流星飞上天：幼儿将流星球向上抛，看谁抛得高。

2. 旋转流星球：幼儿拿着流星球的绳子通过转圈的方式让流星球飞起来。如图 2-50 至 2-52 所示。

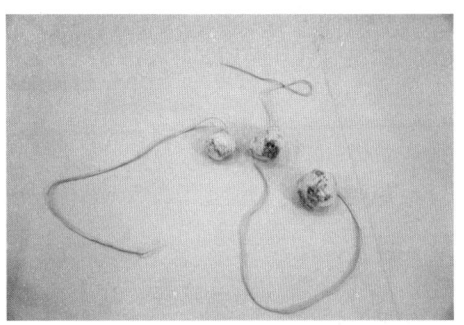

图 2-50

图 2-51

图 2-52

名称： 蝴蝶模型　　　　　　　　**适用年龄班：** 小班

发展目标： 发展幼儿走跑动作，锻炼幼儿四肢力量和身体的灵活性。

玩法：

1. 蝴蝶满天飞：幼儿手拿蝴蝶模型小跑做飞行动作。

2. 捕蝴蝶：幼儿自由选择扮演蝴蝶或是捕蝶人，"捕蝶人"拿网追捕"蝴蝶"，幼儿合作游戏。

3. 抓住蝴蝶：教师绕圈洒落蝴蝶模型，蝴蝶模型落地时幼儿蹲下抓住蝴蝶模型。如图 2-53、图 2-54 所示。

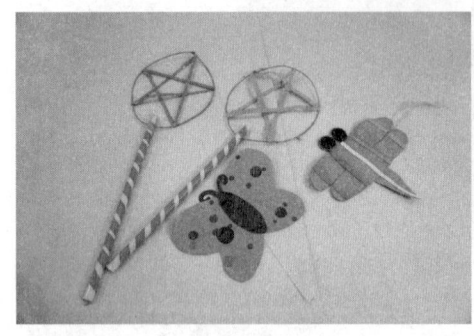

图 2-53　　　　　　　　　　　　　　图 2-54

名称：飞盘　　　　　　　　　　　**适用年龄班：小班**
发展目标：重点练习单手肩上回臂投物，发展幼儿胳膊肌肉和臂力。

玩法：

1. 头顶：将飞盘顶在头顶上，双手平举向前走。

2. 滚动：将飞盘立放在地上，用手推动它向前滚。

3. 夹跳：将飞盘夹在腿间跳跃。

4. 铺路：将飞盘平铺成一条路，可在上面行走。

5. 抛：右脚上前，左脚在后，身体微前倾，右手拿飞盘随意放于胸前，手腕用力抛出去。以上如图 2-55 至 2-60 所示。

图 2-55　　　　　　　　　　　　　　图 2-56

图 2-58　　　　　　　　图 2-59　　　　　　　　图 2-60

名称：爬爬手垫　　　　　　　　　　**适用年龄班：小班**

发展目标： 练习直线、曲线爬，手膝着地自然协调地向前爬，尝试倒退爬，发展幼儿动作协调能力，提高动作的灵活性。

玩法：

1. 爬行动物运动会：幼儿头戴各种爬行动物头饰，手上套好手垫，扮演小动物爬到另一边参加动物运动会。

2. 评选爬行冠军：比赛谁爬得最快，为获奖小动物颁奖。

3. 寻宝：幼儿沿着藏宝图路线爬行寻宝，途中设置障碍。

以上如图 2-61、图 2-62。

图 2-61　　　　　　　　　　　　　图 2-62

名称：**跳跳板**   适用年龄班：**小班**
发展目标： 通过感知跳的动作与发出声音间的联系,锻炼幼儿的腿部肌肉及听力,发展幼儿跳的能力与音乐感知能力。

玩法：

1. 有趣的声音：幼儿用单脚踩、双脚跳等方式感知跳跳板里发出的声音,对跳跳板感兴趣。

2. 有节奏的跳跳板：听着音乐节奏的变化,幼儿以双脚跳的方式尝试变换节奏、速度和响度。

3. 不同颜色的跳跳板定义不同音乐元素,如蓝色代表跳一下,绿色代表连续跳两下,红色代表轻轻的。幼儿选择不同颜色跳跳板进行自由组合并跳出所组合的节奏型。跳跳板块数由2块递增。如图2-63、图2-64所示。

图2-63   图2-64

名称：**布袋**   适用年龄班：**小班**
发展目标： 练习直线、曲线爬,手膝着地自然协调地向前爬,尝试倒退爬,发展幼儿动作协调能力,提高动作的灵活性。

玩法：

1. 我学蚕宝宝：幼儿全身钻进布袋,露出脑袋,以手膝着地、手脚着地、手臂匍匐等方式爬过垫子。

2. 袋鼠跳跳：幼儿全身钻进布袋,手握布袋口,双脚同时向前跳,捡起袋鼠宝宝放进自己的肚子里。

3. 布袋滚滚乐：将布袋平铺在垫子上,幼儿全身钻进布袋,在地垫上侧身滚动。

如图2-65、图2-66所示。

图 2-65

图 2-66

名称： 小青蛙的荷叶　　　　**适用年龄班：** 小班

发展目标： 发展幼儿腿部肌肉控制力和平衡能力。

玩法：

1. 小青蛙，捉害虫：幼儿扮演小青蛙，一个接一个跳到荷叶上，自由捉害虫。

2. 跳远小能手：教师增大荷叶之间距离，请幼儿从一片荷叶跳到另一片荷叶上。

3. 长长的荷叶：教师将荷叶排成一个长排，请幼儿依次跳完所有荷叶。

以上如图 2-67、图 2-68 所示。

图 2-67

图 2-68

113

名称：喂食盒　　　　　　　　　适用年龄班：小班
发展目标：在情境游戏中发展幼儿投掷能力,锻炼胳膊肌肉和臂力。

图 2-69

玩法：

1. 定距正面投掷：幼儿站在不同距离线上,手拿报纸球,为自己喜欢的小动物喂食。

2. 蒙眼投掷：幼儿先站好位置,再蒙上双眼投掷。

3. 反手投掷：幼儿反身站在喂食箱前面,反手扔出报纸球,逐渐增加距离。

4. 喂食接力：4—5 人一组以"走、跑、跳、投"的方式进行报纸球接力,最后一人为小动物喂食。

如图 2-69 所示。

名称：好玩的履带　　　　　　　　适用年龄班：中、大班
发展目标：锻炼幼儿合作爬行、合作行走的能力。

玩法：

1. 将纸箱做的履带放在地上,1 个幼儿顺着履带的轨迹趴在上面,手脚交替,向前爬行,纸箱像履带一样滚动前进。

2. 多名幼儿站立在履带里面,举托住上面的履带,幼儿合作顺着履带的方向往前走。

如图 2-70、图 2-71 所示。

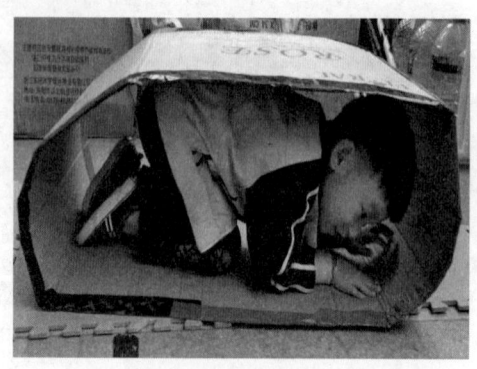

图 2-70

图 2-71

名称： 舞狮子　　　　　　　　**适用年龄班：** 中、大班
发展目标： 锻炼幼儿合作协调走、跑的能力。

　　玩法： 幼儿自由结伴，5—6人一组，自由协商一人当狮子头，其余幼儿依次排队扮狮子身和狮子尾，跟着音乐节奏走、跑。如图 2-72、图 2-73 所示。

图 2-72

图 2-73

名称： 拉力器　　　　　　　　　　　　**适用年龄班：** 中、大班

发展目标： 发展幼儿合作玩耍、拉伸手臂力量。

　　玩法： 幼儿可以一人练习前后手臂的张力，还可以两人分别往一边拉，练习臂力。如图 2－74、图 2－75 所示。

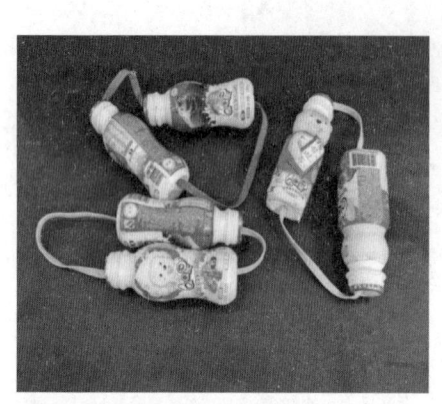

图 2－74

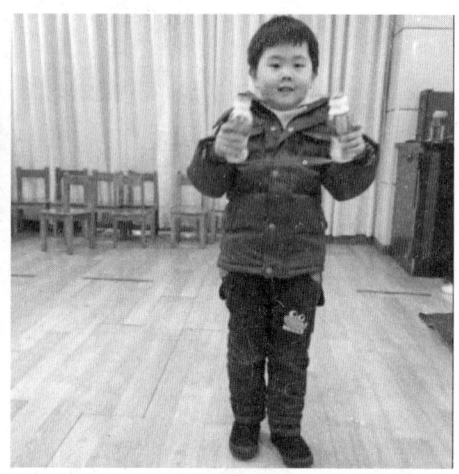

图 2－75

名称： 钻跳乐(圈、布)　　　　　　**适用年龄班：** 中、大班

发展目标： 发展幼儿钻、跳能力。

玩法：

1. 幼儿拿起布圈立起来，钻到里面，一只手拉住上面的圈，快速向前跑、跳。

2. 幼儿分组，每次两人扶圈，其余幼儿进行钻爬游戏，轮流交换。

如图 2－76、图 2－77 所示。

图 2－76

图 2－77

名称：跳跳乐　　　　　　　　　**适合年龄班：小、中、大班**

发展目标： 发展幼儿跳跃、投掷能力。

玩法：

1. 教师将材料铺在地上，幼儿可以辨认垫子上的图形，根据图形练习分合跳跃。

2. 将6块垫子插接成一个正方体，幼儿可以将物体投入图形，练习投掷。

如图2-78、图2-79所示。

图2-78

图2-79

名称：百变小背篓　　　　　　　**适合年龄班：托、小、中、大班**

发展目标： 投掷、爬、力量。

玩法：

1. 幼儿将背篓背在背上，负重爬行。

2. 将背篓作为投掷目标，幼儿投物入篓。

3. 篓子中投放一些物品，两个幼儿合作抬篓运送到指定位置。

4. 幼儿自己一人用棍子挑篓子运送物品。

如图2-80、图2-81所示。

图2-80

图2-81

名称： 好玩的彩条　　　　　　**适用年龄班：** 中、大班
发展目标： 跨跳、力量练习、投掷能力。

玩法：

1. 可将彩条间隔铺在地上，供幼儿练习跨跳，可折叠变化宽度。

2. 可以两人拉住彩条两端进行拔河比赛。

3. 可两个幼儿分别拉住彩条两端上下抖动横幅，或快或慢，形成流动的彩条。

4. 两名幼儿一人坐在彩条一端，一人拉住彩条另一端向前走。

5. 将彩条两端紧紧相系，两幼儿在彩条围成的圆圈里面分别往反方向走动，比一比力量。

6. 可以将彩条两端拉起来，变成投高投远的目标。

如图 2-82、图 2-83 所示。

图 2-82　　　　　　　　　　　　　　图 2-83

名称： 快乐圈架　　　　　　**适用年龄班：** 中、大班
发展目标： 钻、投掷能力。

玩法：

1. 可以将呼啦圈固定在适宜的高度，幼儿练习正面钻和侧身钻。

2. 将呼啦圈提升到一定的高度，幼儿可以玩投掷的游戏。

如图 2-84、图 2-85 所示。

图 2-84

图 2-85

名称：**滚球**　　　　　　　　　　**适用年龄班：中、大班**
发展目标： 发展手臂控制力、幼儿合作抛投能力。

玩法：

1. 幼儿可以用各种轻质的球放在布艺材料上，2个或者4个幼儿各拉住一角，听口令一起抛接球。

2. 幼儿可以沿布上的条纹滚动球，注意控制好平衡，不让球掉下来。

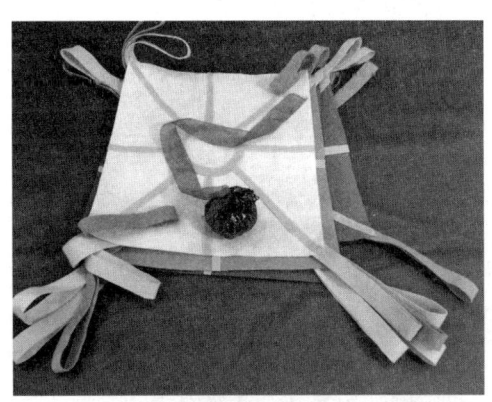

图 2-86

图 2-87

名称：**好玩的毽子**　　　　　　　　**适用年龄班：小、中、大班**
发展目标： 走跑、投掷、平衡、跳跃能力。

玩法：

1. 幼儿踢毽子玩耍。

2. 幼儿可以顶在头上,练习平衡走。

3. 自由进行抛、投玩耍。

如图2-88、图2-89所示。

图2-88

图2-89

名称: 打地鼠　　　　　　　**适合年龄:** 小、中、大班

发展目标: 合作钻、躲、敲打。

玩法:

1. 小班幼儿可以由少数幼儿和老师分别拉住床单的四个角,转动、上下抖动,其余幼儿在床单下躲藏、跳跃等。

2. 中、大班幼儿可以分角色玩"打地鼠"游戏,部分扮演地鼠,部分拉床单,少数当打地鼠之人,幼儿快速钻洞,躲藏不被敲打。

如图2-90、图2-91所示。

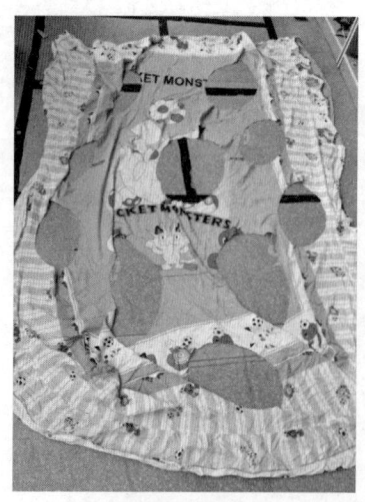

图2-90

图2-91

名称： 交通标志　　　　　　　　**适用年龄班：** 中、大班

发展目标： 发展幼儿的走跑跳能力。

玩法： 按标志图在不同方位进行走、跑、跳的练习。如图 2-92、图 2-93 所示。

图 2-92

图 2-93

名称： 布袋　　　　　　　　　　**适用年龄班：** 中、大班

发展目标： 发展幼儿的跳跃能力，手臂力量、手眼协调能力、合作能力。

玩法：

1. 幼儿站立于布袋里，学袋鼠跳，进行跳跃练习。

2. 两个幼儿合作提着布袋的四个角，用力将置于其上的球往上甩。

如图 2-94 至 2-96 所示。

图 2-94

图 2-95

图 2 - 96

名称： 格子绳　　　　　　　　**适用年龄班：** 中、大班

发展目标： 发展幼儿的跳跃能力和手臂力量。

玩法：

1. 单脚跳着捡东西。

2. 双脚按照格子颜色分合跳。蓝色格子合，黄色格子分。

如图 2 - 97 至 2 - 100 所示。

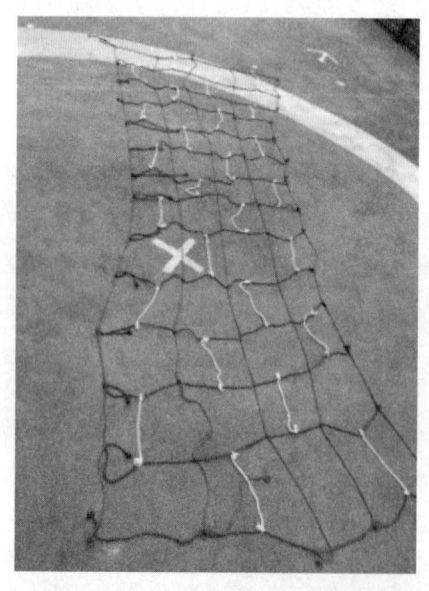

图 2 - 97

图 2 - 98

图 2 - 99

图 2 - 100

名称： 高尔夫球　　　　　　　　**适用年龄班：** 中、大班

发展目标： 发展幼儿的手臂力量和手眼协调能力

玩法：

1. 幼儿两脚自然开立，两手握球棍手柄，瞄准报纸球用力击打。

2. 幼儿避开障碍物跳过一定距离。

如图 2 - 101 至 103 所示。

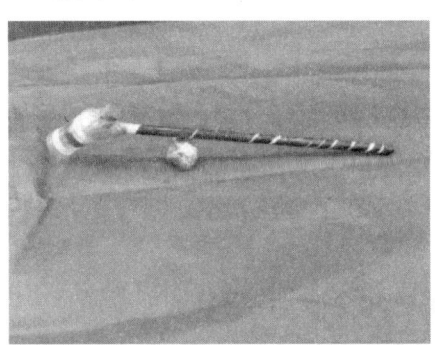

图 2 - 101

图 2 - 102

图 2 - 103

名称：**套圈**　　　　　　　　**适用年龄班：** 中、大班

发展目标： 发展幼儿的跳跃能力。

玩法： 幼儿从一个圈跳进另一个圈里，连续蹦跳。如图 2-104、图 2-105 所示。

图 2-104

图 2-105

名称：**水桶**　　　　　　　　**适用年龄班：** 中、大班

发展目标： 发展幼儿的手臂力量和合作能力。

玩法：

1. 一根棍子上挂着一个水桶，由两名幼儿分别抬着棍子的两端向前行进。

2. 幼儿各提一个水桶，自然向前行走。

如图 2-106 至 2-108 所示。

图 2-106

图 2-107

图 2-108

名称：木架　　　　　　　　适用年龄班：中、大班
发展目标：发展幼儿的钻爬、平衡和跳的能力。

玩法：

1. 幼儿手膝着地或匍匐从器械下钻爬通过，身体不触碰到木架。
2. 将木架连接起来，幼儿进行跳格子游戏。
3. 将木架连接起来，幼儿走在架子上，练习平衡能力。

如图 2-109 至 2-112 所示。

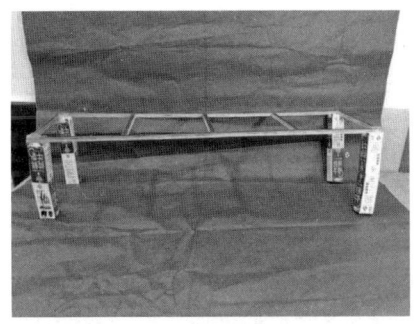

图 2-109

图 2-110

图 2-111

图 2-112

名称： 拱门 　　　　　　　　**适用年龄班：** 中、大班

发展目标： 发展幼儿匍匐爬和动作协调能力。

　　玩法： 幼儿匍匐爬过拱门，身体尽量不触碰门洞。如图 2-113、图 2-114 所示。

图 2-113

图 2-114

名称： 方向垫 　　　　　　　　**适用年龄班：** 大班

发展目标： 发展幼儿双脚跳的能力，以及听、跳的协调能力。

　　玩法： 一名幼儿当指挥，另一名幼儿站在方向垫中间的脚印图案上。指挥指出或说出方向，在方向垫上的幼儿根据指挥的口令往方向垫上正确的箭头跳，随后立刻跳回脚印图案上。幼儿据此规则反复玩耍。如图 2-115 所示。

图 2-115

名称： 高跷　　　　　　　　　　**适用年龄班：** 中、大班

发展目标： 发展幼儿的平衡能力和身体四肢的协调能力。

　　玩法： 幼儿双脚踩在自制高跷上，用手将红绳拉直，抬脚行走。如图 2－116、图 2－117 所示。

图 2－116　　　　　　　　　　　　　　　图 2－117

名称： 乒乓球拍　　　　　　　　　　**适用年龄班：** 大班

发展目标： 发展幼儿的平衡能力和手眼协调能力。

　　玩法： 幼儿手持乒乓球拍运球行走，保持球不掉下。可自然行走、沿直线行走、绕障碍行走等。如图 2－118、图 2－119 所示。

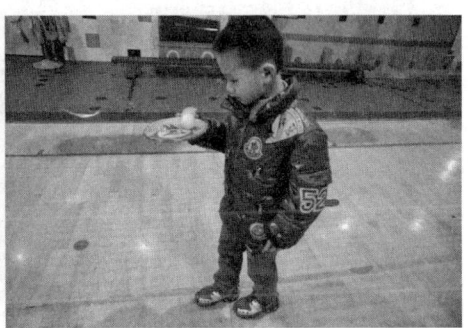

图 2－118　　　　　　　　　　　　　　　图 2－119

名称： 摇摇乐　　　　　　　　　**适用年龄班：** 中、大班

发展目标： 发展幼儿的腰部灵活能力。

　　玩法： 将"摇摇乐"纸盒固定在幼儿腰部，游戏时幼儿用力甩动臀部，使纸球从盒里掉出。如图 2-120、图 2-121 所示。

图 2-120　　　　　　　　　　　　　　　图 2-121

名称： 抓小猪　　　　　　　　　**适用年龄班：** 大班

发展目标： 发展幼儿协调能力和闪躲能力。

　　玩法： 将小猪系于腰间，在奔跑保护自己小猪的同时去撕掉同伴的小猪。如图 2-122 至 2-124 所示。

图 2-122　　　　　　　　　　　　　　　图 2-123

图 2－124

名称：抛接盘

适用年龄班：中、大班

发展目标：发展幼儿平衡
能力、手眼协调能力和合作
意识。

玩法：

1. 一人游戏可独自进行抛接
游戏。

图 2－125

2. 两人游戏可进行抬物走平衡木等。

如图 2－125 至 2－127 所示。

图 2－126

图 2－127

名称：多功能架　　　　　　　**适用年龄班：小、中、大班**

发展目标：发展幼儿的投掷能力和钻爬能力。

玩法：

1. 作为目标物，幼儿在投掷中对准怪兽或响瓶投掷。

2. 作为隔断,幼儿进行类似排球类的传球游戏。

3. 作为障碍物,幼儿进行匍匐爬或侧身钻。

如图 2-128 至 2-131 所示。

图 2-128

图 2-129

图 2-130

图 2-131

名称: 高低栏　　　　　　**适用年龄班:** 小、中、大班

发展目标: 发展幼儿的跨、跳、钻等能力。

玩法: 调整摆放形式和高度,设置成不同高度的障碍,幼儿可进行跨、跳、钻爬游戏。如图 2-132 至 2-135 所示。

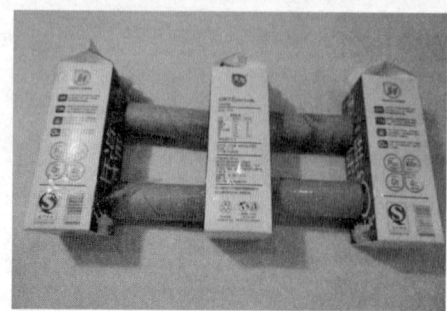

图 2-132

图 2-133

图 2-134

图 2-135

名称： 趣味纸箱　　　　　　　　**适用年龄班：** 小、中、大班

发展目标： 发展幼儿的钻爬能力和灵活闪躲能力。

玩法：

1. 可摆放成迷宫、隧道，让幼儿进行钻爬。

2. 可摆放成一排，让幼儿藏身其中，还可用轻布球进行投掷、打地鼠游戏。

如图 2-136 至 2-138 所示。

图 2-136

图 2-137

图 2-138

五、分解式游戏教学模式的评价

评价，是对一件事或一个人物进行判断、分析后的结论。在分解式游戏教学模式当中，红岩幼儿园课题组也通过一次次的分析和实践，最终拟定出了能够掌握幼儿动作发展水平的评价体系。

表 2-18

	跑	跳	投	平衡	钻爬
托班	15 米跑	10 米兔跳	单手向前投 1 米	走平衡木	10 米手膝爬行钻过山洞
小班	20 米快跑	单脚向前跳 4 米	单手向前投 2 米	走平衡木	10 米手膝爬行钻过山洞
中班	20 米快跑	立定跳远	单手向前投 4 米	走平衡木	10 米正面猫腰连续钻 6 个圈
大班	20 米快跑	立定跳远	单手向前投 5 米	走平衡木	10 米侧身连续钻 6 个圈

如表 2-18 所示，红岩幼儿园选取了幼儿发展最基本也是最重要的"跑、跳、投、平衡、钻爬"能力进行观察性的评价。

红岩幼儿园幼儿动作发展评价体系具有三方面的特点。

首先，将五项动作合理分配到各个年龄段进行观察性评价。如在"跑"这一项动作中，托班是进行 15 米跑，而小、中、大班均进行 20 米快跑，且每一个年龄段都有不同的观察要求。

其次，评价体系将每一项动作的要领细化成了文字，使不管是评价者还是执教者都能够根据文字做出正确的动作。

再次，评价体系同时还细化了观察评价时的准备工作、对评价者的要求以及评价者所需要观察的要点、如何进行观察评价的记录等，其具有实践指导的意义，使评价者能够根据体系上的文字描述开展评价。

以下为红岩幼儿园幼儿动作发展评价体系的各项细化指标。

（一）跑的动作要领与观察评价

上体稍前倾，眼向前看，两手轻握拳，两臂屈肘于腰侧前后自然摆动。腿向后用力蹬地，向前摆腿方向正，幅度大，膝放松。用前脚掌先着地，脚尖朝前，落地要轻，呼吸自然而有节奏。

表 2-19

年龄段	场地器械准备	准备	教师观测评估要点			记录
			起跑	途中跑动作	终点动作	
托班 15米跑	准备15米跑道和20米跑道3条（标注好准备区域和预备区域），秒表3块，口哨，小红旗，终点处铺泡沫垫	幼儿成3路纵队站到准备区域后成1路纵队	听到"预备"，站到起跑线后，成站立式起跑姿势不动，听到哨声开始跑，同时发令者挥旗	两臂在体侧自然跑	以躯干最前部位过终点线上身垂直面时同时停表	跑步时间（记录到秒后一位）
小班 20米跑				两臂在体侧前后摆，自然跑		
中班 20米跑				上下肢协调地跑		
大班 20米跑				上体稍前倾，用前脚掌着地跑		

（二）跳的观察评价

表 2-20

年龄段	场地器械材料准备	准备	教师观测评估要点			记录
			起跳	跳的动作观测	终点动作	
托班 10米兔跳	10米塑胶跑道3条（标注好准备区域和预备区域）	幼儿成3路纵队在准备区域站好	站在起跳线后，双脚并拢好小兔姿势站好，听到令发令"预备——"哨声开始跳	1. 是否双起双落 2. 跳的连续性	以躯干部分过线	是否跳过10米线

（续表）

年龄段	场地器械材料准备	准备	教师观测评测要点			记录
			起跳	跳的动作观测	终点动作	
小班 单脚向前跳 4 米	1. 标注好 4 米的距离区域，做好直线前进的跑道划分 2. 在起点线前画一个单脚印进行准备	幼儿成 3 路纵队在准备区域站好	站在起跳线后，双脚自然开立，听到发令"预备"一声"开始跳"	1. 同脚单落 2. 跳的连续性，是否有中途落脚情况	以后脚跟过终点线	1. 是否跳过 4 米线 2. 是否中途有落脚
中班 立定跳远 大班 立定跳远	1. 塑胶场地，横向标注好起跳线，纵向标注好距离，要求至少标注 1.5 米 2. 可为幼儿标注好起点前站立的脚印的位置（脚印的位置可略为分开）	幼儿成 1 路纵队站好，在准备区域做好准备	站在起跳线后，双脚自然开立，听到发令"预备"声"，屈膝半蹲，上体前倾，两臂前后摆	两脚自然开立，屈膝，两臂后摆，当两臂由后向前上方做摆动时，两前臂掌用力蹬地，两膝充分蹬直，身体尽量向前跳起。落地时，屈膝半蹲，上体前倾，两臂自然放下，保持平衡	1. 落地是否站稳 2. 成绩以后面一只脚的距离为准	1. 记录老师站在纵向标注处观察距离 2. 记录小数点后两位数值

134

（三）投的动作要领与观察评价

两脚前后开列、重心落于后腿、单手拿沙包、引臂向后、全身用力协调向前上方投出沙包。

表 2 - 21

年龄段	场地器械材料准备	准备	起投	投的动作观测	终点动作	记录
				教师观测评估要点		
托班 单手投 1米左右	1. 塑胶场地，横向标注好起投线，纵向标注好距离,距离在5米以上 2. 准备50克沙包3个	1. 幼儿成1路纵队站好，在准备区域做好准备 2. 幼儿在起点处站好	站在起投线后，单手拿沙包，两脚前后开列，重心后移、引臂向后	两脚前后开列、重心落于后腿、单手拿沙包、全身用力协调向前上方投出沙包	脚和身体是否超过起投线	1. 扔出的距离记录到小数点后一位数值 2. 投掷3次,记录最好成绩 3. 动作姿势中存在的问题
小班 单手投 2米左右	1. 场地同上，5米以上 2. 准备75克沙包3个 3. 在起点线画一前一后两个脚印					
中班 单手投 4米左右	1. 场地同上,6~7米 2. 准备100克沙包 3. 在起点线画一前一后两个脚印	1. 幼儿成1路纵队站好，在准备区域做好准备 2. 幼儿在起点处站好	站在起投线后，单手拿沙包，两脚前后开列，重心后移、引臂向后	两脚前后开列、重心落于后腿、单手拿沙包、全身用力协调向前上方投出沙包	脚和身体是否超过起投线	同小班
大班 单手投 5米左右	1. 场地同上,7~9米 2. 准备125克沙包 3. 准备一个高度标杆					

135

（四）平衡的动作要领与观察评价

双手侧平举，两眼看着前方，身体保持平衡，双脚交替走。

表 2-22

年龄段	场地器械材料准备	教师观测评估要点				
		准备	发令	走平衡木的动作观测	终点动作	记录
托班走平衡木	1. 高22厘米、宽24厘米独木桥两根，长度为3.8米 2. 在落脚处为幼儿准备软垫子	成一路纵队在准备区站好，前后保持一臂的距离排队	两手侧平举站在平衡木前，听到发令"预备——哨声"开始走	双手侧平举，两眼看前方，身体保持平衡，双脚交替走	以双脚落地完成动作为准	1. 记录时间，记录到小数点后两位数值 2. 记录时间以幼儿双脚落地为准 3. 记录开始时间以发口令为准
小班走平衡木	1. 高16厘米、宽16厘米的平衡木三根，长度为4米 2. 落脚处为为幼儿准备软垫子					
中班走平衡木	高7厘米、宽12厘米的平衡木6根	同上	两手侧平举站在平衡木前，听到发令"预备——哨声"开始走	1. 双手侧平举，两眼看前方，身体保持平衡，双脚交替走在中间的蓝色管上 2. 中途有无掉落	以双脚落地完成动作为准	1. 记录时间同上 2. 时间以双脚落地为准 3. 记录中途掉落次数
大班走平衡木	用万能工匠组合，将6个黄色圆盘，与5根蓝色管相连					

（五）钻爬的观察评价

表 2－23

年龄段	场地器械材料准备	准备	发令	教师观测测评估要点		
				动作观测	终点动作	记录
托班 手膝爬行钻过山洞	1. 木地板上标注 10 米距离 2. 高 40 厘米、宽 50 厘米的山洞两个 3. 距离起点处 2 米放第一个山洞，在终点处放第二个山洞	成一路纵队在准备区站好	做好手膝爬准备，听到发令"预备——哨声"开始钻爬	手膝爬，钻的时候身体是否碰触山洞		1. 时间记录到小数点后一位数值 2. 记录时间以身体全部过洞为准
小班 手脚爬行钻过山洞	1. 木地板上标注 10 米距离 2. 高 60 厘米、宽 50 厘米的山洞两个 3. 距离起点处 2 米放第一个山洞，在终点处放第二个山洞		做好手脚爬准备，听到发令"预备——哨声"开始钻爬	手脚爬，钻的时候身体是否碰触山洞		
中班 正面猫腰钻过山洞	1. 高度为 65 厘米、宽度 40 厘米的圈 6 个 2. 第一个圈放在距离起点 1.5 米处，每隔 1.5 米，放 6 个圈		正面猫腰，听到发令"预备"哨声"开始钻	正面猫腰，钻的时候不碰触圈		1. 时间记录到小数点后一位数值 2. 记录时间以身体全部过洞为准 3. 记录身体是否碰圈，碰的次数
大班 侧身钻过山洞	1. 高度为 75 厘米、宽度 40 厘米的圈 6 个 2. 第一个圈放在距离起点 1.5 米处，每隔 1.5 米放置一个圈		听到"预备——哨声"，脚先进	侧身钻，钻的时候不碰触圈	1. 身体不碰触山洞或圈 2. 全身钻过圈	

经 验 篇

经过分解式游戏教学模式的探讨和实践,红岩幼儿园教师们都有自己的心得体会和开展运动活动的经验总结。本篇章收纳了红岩幼儿园教师们的经验文章、活动实录、活动反思等,与同行和读者们分享他们在运动活动方面的执教经验。

一、"分解式"教案促幼儿成长

——以小班运动活动"帮助小猪"为例

徐文婷

（一）分解说明

小班幼儿纪律性不强，没办法像中、大班幼儿那样遵守规则，并且注意力集中时间较短，因此在活动中注意力很容易分散，易自由行动，或者自顾自地玩耍。本案例则符合小班幼儿年龄特点，通过将活动分解成几个具有连续性的游戏，让幼儿随时都有新体验，在刺激幼儿主动参与的同时又能让幼儿在游戏中自觉遵守规则，具有很强的可操作性。

（二）问题背景

新小班幼儿由于刚入园，第一次进入集体生活，很多幼儿还没意识到家庭生活与集体生活的不同，因此在幼儿园的集体活动中幼儿们表现得比较随意、自由，规则意识也比较薄弱，每次组织运动活动常常会出现老师到处找人的情景。一个运动活动下来，幼儿们的注意力只在开始的游戏时间较为集中，但是没过多久，他们注意力就分散了。如何让幼儿的注意力保持得更久，是我们一直思考的问题。在这个活动里，教师将活动分解成几个情境性强并具有连续性的游戏，在保持幼儿注意力的同时又让幼儿自觉遵守秩序和规则，因此整个活动取得了很好的效果。

（三）设计依据

根据《3—6岁儿童学习与发展指南》的精神，"要尊重幼儿发展的个体差异"，要"重视幼儿的学习品质"，要"理解幼儿的学习方式和特点"。在本次活动中，教师先将活动进行分解，用情景贯穿始终，以激发幼儿主动参与的愿望。通过活动的设计让幼儿遵守规则的行为在活动过程中自然发生，从而达到让幼儿完整参与和体验活动的目的，促进幼儿的成长。

（四）教育教学情景

1. 准备活动：播放音乐，教师带领幼儿活动全身，重点活动手臂关节

（活动实况：在欢快活泼的音乐中，孩子们很开心地跟着教师做着舒展全身的动作，并重点活动了上肢。）

2. 基本活动

1）游戏一：石头送小猪

玩法：

（1）情景引入：小猪准备用石头盖一座房子，可是它发现石头不够用了，需要请小朋友们帮它捡石头，放到空地上，这样小猪就能用石头盖房子啦。

（2）介绍玩法：小猪不在家，那宝贝们从采石场找到石头，从围栏外扔到小猪家门前的空地上吧！（以软垫拼成一个大长方形空地）

（3）要求：不要超过围栏，由围栏外面朝里面扔，看谁扔的石头最多，又最遵守规则。（保育老师将幼儿扔过来的石头捡进篮子里）

（活动实况：教师通过游戏情景将规则引入，幼儿在教师的情景引导下，很认真地开始倾听游戏规则，并很积极地想要开始游戏，在游戏过程中，幼儿能够有意识地遵守规则，将"石头"扔到指定位置，在这个过程中没有一个小朋友离开队伍。）

2）游戏二：保卫小猪的家

玩法：

（1）情景创设：小猪（配班老师）回来了，看到宝贝们帮忙捡了这么多的石头，可高兴啦！连声谢谢，并请宝贝们到家里去玩。这时大灰狼（保育老师）听说小猪要盖房子，所以想来吃掉小猪，请小朋友们帮小猪赶走大灰狼吧！

（2）介绍玩法：幼儿在小猪房子里以围栏为界限，用刚刚捡来的石头扔大灰狼，被打中了大灰狼就后退几步，若没打中大灰狼继续向前进。反复进行，直到石头丢完，大灰狼被打跑。

（3）要求：不能走出围栏，不然会被大灰狼捉住！（注：若布包少，可重复进行一次。另外，幼儿还可以邀请周围老师帮忙保护小猪的家。）

（活动实况：在游戏过渡环节，有的幼儿开始四处张望，注意力分散了，个别幼儿开始在活动场地四处走动了。这时，教师通过扮演小猪角色重新吸引了幼儿的注意力，幼儿们很认真地倾听"小猪"的请求，并激发了帮助小猪的正义感，教师趁机又将规则引入，然后进行游戏，在游戏活动中个别幼儿还出现了同伴互助的行为，相互告知不能走出安全地带，在打大灰狼时孩子们也很积极、投入。）

3）游戏三：再次帮小猪捡石头

玩法：同游戏一

（活动实况：有了一次经验，这次幼儿们更迅速地"收集"好石头，并且配合教师将石头堆放在场地四周，抓住了小班幼儿爱到处游走的特点，让幼儿在游走中完成任务，做到了"让动作在情境中必然发生"。）

3. 放松活动

教师带领幼儿随着音乐做放松活动。

（五）教育教学反思

1. 活动分解，吸引幼儿的注意力

常规运动活动都是一个活动完成一个动作训练。在这样的活动中，即使以情景贯穿，幼儿也有不感兴趣的时候。而在本次活动中，我将整个活动进行了分解设计，通过一个又一个具有连续性的小游戏，让幼儿随时有新的体验，幼儿的注意力和参与性都得到了提高。幼儿们在一次又一次的游戏中，不自觉地受到规则的感染，进而约束了自己的自由行为，达到了良好的学习和练习效果。

2. 情景设计，让动作必然发生

教师通过创设适宜的游戏情景，让幼儿在进入这个情景后，所做的动作都是围绕活动目标和本次动作发展目标来完成，这就是我们所提倡的"动作在情境中的必然发生"，不需要刻意去强调、去示范、去要求幼儿做这个动作训练，有了情景，有了针对性的设计，幼儿在不自觉中就做出了这个动作，在无意识中就完成了动作的练习和训练，这就是我们教师设计和组织活动过程中所想要达到的理想效果。自然的发生比强制的训练更容易让幼儿接受和完成，也减轻了教师在教育教学过程中的工作量。

3. 兼顾天性，自觉遵守规则

在本次活动中，针对幼儿爱四散游走、注意力分散等问题，教师在活动设计中充分考虑了幼儿的天性，通过反复的思考和研究后，教师将这些一并融入了游戏中，对游戏过程和环节进行了精心设计，让幼儿在游戏中去发挥这些天性。例如：教师故意将道具分散放置在四周，利用幼儿的天性，让幼儿完成任务。幼儿在离开队伍、四处游走中看见了满地的"石头道具"，产生了任务意识，自觉去拾回这些石头，离开队伍的幼儿也会因为想要完成任务而主动归队，这样的设计不但满足了幼儿的天性，更完成了游戏任务，并且让幼儿在这反复的捡拾道具活动中学会了遵守规则，一举数得。

4. 设立挑战，充分调动幼儿的积极性

在整个活动中，充满游戏趣味的同时，教师更是设计了打跑大灰狼的挑战式

游戏方式,让幼儿通过层层递进的游戏,取得胜利,体验成功的快乐,从而培养幼儿的自信心和克服困难的品质。并且,无论是帮小猪捡石头还是赶跑大灰狼的扔石头游戏,都是以练习投掷动作为目标来设计的,让幼儿每一次活动都能获得基本动作的练习体验。在打跑大灰狼中所获得成功的体验,不但能够让游戏活动有价值,更能充分调动幼儿参与活动的积极性,达到让幼儿主动参与的效果。

5. 情景贯穿,让活动更加有趣

游戏从始至终都以"帮助小猪"的情景贯穿,所有的游戏和动作练习都在情景游戏里完成,使整个活动既有趣又有序,非常适合小班幼儿的年龄特点。因此,幼儿们在活动中表现出很高的参与性和积极性。设置有趣的情景是教师激发小班幼儿参与活动的有效手段。本次活动也因为情景的贯穿而使得几个游戏既相对独立又有一定连贯性,让幼儿通过身临其境的感受情景,达到从始至终主动参与游戏的目的,并体验游戏的快乐。

二、体验"混搭"运动的快乐

——以幼儿园混龄运动活动为例

周　静

　　我班幼儿已经大班了,他们思维活跃、热情主动,在日常活动中常常看见他们到隔壁中班去"管闲事"。由此,我产生了让大、中班幼儿"混搭"开展活动的想法,于是,在秋游、手工制作、阅读等活动中,都让他们带着中班的弟弟妹妹一起,在混龄活动中,让孩子们体验到更多的快乐。幼儿园每周定期开展片区体育活动,让幼儿在自由的空间中,选择不同的道具来进行体育锻炼。在游戏的过程中我发现中、大班不同年龄段的幼儿放在同一个空间内,通过"大带小、小促大"的活动方式让彼此在相互交流、互助、示范、模仿、学习等形式中自主地进行各种体育活动。在混龄体育活动中通过异龄幼儿间的互动构成一个互助学习与协同游戏的活动方式。这种体育活动方式不但满足了幼儿与不同年龄同伴交往的需要,扩大幼儿的接触面,有利于培养幼儿的运动能力,更促进了幼儿社会性的发展,为幼儿形成积极健康的个性奠定了良好的基础,也让幼儿体验了"混搭运动的快乐"。

情景一:"艰难"的木梯

　　在片区活动中,我们为幼儿提供了木梯,鼓励他们勇敢去攀登。一个中班的幼儿顺利地爬上了顶端,却摇摇晃晃地不敢下,排在后面的佳琦看了一会,走到木梯旁,开始用语言来说:"不要怕,把身体转过去,用背对的方式下来,一步一步地踩稳,手要扶稳,脚先往下踩一步,再换手扶的位置……"她耐心地把动作分解了指导中班的妹妹,在她的帮助下,胆怯的妹妹顺利地爬下了木梯,两个孩子开始了其他运动的合作"混搭"。

　　行为分析:

　　在这个活动情景中,充分体现出了幼儿大带小的学习优势,不需要老师过多的参与,幼儿之间产生了良好的互动,大班的幼儿会将自己从老师那里学来的东西,把动作一一分解告诉妹妹,这是一个互相学习的过程。在大带小的混龄体育活动中,幼儿会得到更好的锻炼。大的孩子在帮助小的孩子的过程中,通过语言和动作的亲身示范,就再一次巩固和温习了动作技能;小的孩子在其帮助下,通过榜样的作用和引领,会增强自信心。

教师策略:

在混龄的大带小活动中,老师退到幼儿身后,但是在关键的时候,应采取适当的策略,来引导、帮助幼儿将活动开展下去。在活动中教师要敏锐地观察每个幼儿的活动情况,对于幼儿的危险动作要及时给予引导;当大的幼儿不能担当哥哥姐姐的角色时,教师要多鼓励,充分调动其积极性和责任心;当幼儿出现玩厌或想不出更好的玩法时,或玩法价值不大时,教师要及时地给予帮助和启发。

情景二:"疯狂"的钻圈

鑫鑫是一个好动的孩子,他能在自己喜欢的器械处玩得非常"疯"。在一次片区体育活动中,他对钻圈产生了浓厚的兴趣,不停地重复着钻圈的游戏,而且还能自己把圈调整到不同的高度玩耍。鑫鑫的"自嗨"游戏,成功吸引了一个中班弟弟的注意,他在一旁观摩了一阵后,就主动地加入到这个游戏中来。两个人一边玩,还一边再商量,尝试不同的钻圈方法,正面钻、侧身钻,甚至匍匐爬过等,玩得不亦乐乎。一会儿后,他俩还"擅作主张"调整每个圈的距离,不停地尝试新的玩法。作为哥哥的鑫鑫,在游戏中自然是主导,一边玩,一边主动和弟弟商量,两个人配合得非常默契。

行为分析:

混龄的体育活动打破了班级的界限,每位幼儿都有按自己需要和愿望自由选择游戏和游戏伙伴的机会。幼儿的活动空间和范围拓宽了,活动的内容和形式丰富了,孩子们的交往面也扩大了,幼儿活动的自主性、独立性得到尊重,使他们能在与不同年龄的伙伴的交往中相互学习并吸收同伴的经验。对于年幼的幼儿来说,与年长的幼儿交往,其运动能力、观察学习能力及跟随模仿的能力都会增强,他们愿意与年长的幼儿在一起游戏;而年长的幼儿与比自己小的幼儿一起游戏时,其责任感和榜样意识增强了,谦让和友好的行为增强了。

教师策略:

当孩子在自由的氛围中积极参与、大胆尝试、主动创造时,教师应给予他们的是一个具有支持性和自主性的环境,同时也做好安全保障工作。同时,老师要重点引导幼儿探索器械的多变性,利用同一种材料,在"大带小"的活动中,挖掘多种玩法。让幼儿在互动中,尽情地感受体育运动的快乐。

情景三:"不服输"的平衡

在片区体育活动中,我们把竹梯子平放在轮胎上,让孩子练习平衡,我班的牛牛战战兢兢地走上了竹梯,晃晃悠悠地走过了竹梯,等他从梯子上下来长舒一

口气的时候,回头发现一个中班的弟弟健步如飞地稳稳走过了竹梯。这下,牛牛的"牛脾气"上来了,作为大班的哥哥可不能输给中班的弟弟了。于是,老师发现他在反复地练习过竹梯平衡木,一次、两次、三次……经过不断的练习后,他站在起点,专门等着刚刚赢过他的中班弟弟,在自发的比赛中,牛牛终于赢了,带着胜利的自信和快乐,他开始挑战其他项目。

行为分析:

在"大带小"的混龄体育活动中,不仅仅有大对小的带动,还有小对大的刺激。牛牛在中班弟弟的刺激下,反复尝试掌握走竹梯保持平衡的方法,终于战胜了自己,保住自己作为大班哥哥的"尊严"。所以,在混龄的体育活动中,幼儿常常会产生互相竞争的心理,不服输会成为他们不断尝试和努力的动力,激发他们的胆量和勇气。

教师策略:

在混龄的体育活动中,其实老师能更好地解放出来,我们只需要在一旁密切地观察孩子,在需要的时候适时伸出手。孩子们,特别是大班孩子,他们能主动发现自己的不足,并反复尝试着去克服。老师在保证孩子安全的情况下,放手让他们制定自己的游戏规则,给自己提出目标,在不同年龄层次孩子的体育游戏中,给予孩子一些简单的评价,帮助他们向同伴学习,在互动中发展动作,体验快乐。

户外混龄体育游戏使幼儿的基本动作进一步得到了发展,极具挑战性的器械锻炼了幼儿坚强、勇敢、不怕困难的意志品质,提高了他们抗挫折的能力;打破班级、年龄界限,为幼儿提供了更多的交往机会,幼儿的语言表达能力、分享合作能力均得到了不同程度的发展。

三、学会放手，让幼儿在自主游戏中快乐玩耍

——以"小空间、大智慧"体能活动为例

陈彦妮

（一）活动背景

《纲要》中明确指出："幼儿园必须把保护幼儿的生命和促进幼儿的健康放在工作的首位。"《指南》解读中也提出：关注和促进幼儿身心健康发展是幼儿阶段的首要任务。开展丰富多样、适合于幼儿的体育活动是增强幼儿体质、增进幼儿健康的积极手段和重要途径，幼儿体育活动兴趣的激发、基本动作的发展以及身体素质的提高，都是在身体运动的过程中逐渐获得的，因此我们要为幼儿提供尽可能多的体育活动的机会。幼儿园的体育活动大都是在户外进行，当下雨天，不能进行户外活动时，我们如何充分利用幼儿园的室内环境，设置游戏场景，让幼儿也能进行体育活动呢？基于这样的思考，我园尝试开展了"小空间、大智慧"的片区体能活动，将幼儿园里的走廊、教室、楼梯等地方都变成幼儿进行体育活动的游乐场，这样，即便在下雨天，幼儿也能够进行体育活动，得到身体的锻炼。如何因地制宜设置活动场景，促进幼儿基本动作发展呢？在楼梯的活动设计中，我们结合军队的主体，利用垫子和绳索，设置了匍匐爬、仰爬等活动场景，并为幼儿提供"炸药包""米袋""粮仓"等活动材料，根据大班幼儿喜欢挑战，合作能力较强的特点设计了有一定难度的游戏活动。

（二）教育教学情境

情景一：两个小朋友一起合作玩"大力士"的游戏总是发生争执，原来他们两个都想喊"开始"的口令，因为每次谁喊口令谁就掌握了活动的主动权，更容易获胜，那怎么办呢？曾丽谙说："我们两个谁都不喊口令，让老师来喊。"这时旁边的小辛过来说："我来给你们喊口令吧，一会儿我玩的时候再交换。"大家都觉得这个主意好，于是在旁边等待的小朋友轮流当起了"小裁判"发号施令，监督他们谁都不能犯规。增加了"小裁判"后，他们玩耍时更遵守规则了，而旁边等待的幼儿也有事可做，可谓一举两得。

（当幼儿在活动中出现问题的时候，我并没有马上介入，而是在一旁观察，事实证明，幼儿完全能够用自己的方式解决活动中出现的问题，我们要相信幼儿的能力。）

情景二：洋洋抱着"炸药包"在垫子上努力地匍匐前进着，爬到一半停了下来，想要放弃。我观察到他是有些累了，以他的动作发展完全能够坚持完成，于是鼓励他："洋洋，你坚持一下，就快到终点了，看，给你奖励的小贴画都已经准备好了，你可以的！"看到我手中漂亮的小贴画，他眼睛一亮，一鼓作气爬到了终点。鹏鹏也尝试抱着"炸药包"匍匐前进，可身体总是前进不了，刚爬了两下就又滑了下来，我对他说："你想想还可以用其他什么方法爬上去呢？"鹏鹏想了想，换成了手膝着地爬，终于爬上去了。

（活动中对于运动能力不同的幼儿我采用了不同的指导方法，洋洋的动作发展较好，持物匍匐爬是他能够完成的，当他想要放弃时，我鼓励他，并用小奖品激励他坚持；鹏鹏的动作发展较弱，当他尝试过几次后仍然不能用匍匐爬的方式前进，于是我建议他尝试其他方法。）

情景三：辰辰拉着绳子向上仰爬，爬到终点后，顺势坐在垫子上滑了下来，薛之楠见状对他说："你不能这样玩，要像图片上这样做。"一边说一边指了指墙面上贴的游戏玩法。辰辰说："可我就想这样玩。""不是你这样玩的，不信你问老师。"他们两个都用询问的眼神望着我。我想，何不就让他们按照自己的意愿玩耍，于是说："你们喜欢怎么玩就怎么玩吧。"得到我的允许，辰辰听着，高兴极了，其他的小朋友也乐了，有我这句话，大家都兴奋地尝试着不同的玩法：薛之楠侧着身体向上爬，朱亭诺坐在垫子上"划小船"，睿睿匍匐爬上去再像"小飞鱼"一样从垫子上"飞"下来……

（我原本是想让幼儿按照设计好的游戏来玩耍，可幼儿对游戏有自己的想法，渴望尝试新的玩法。为了满足幼儿的需求，我尝试放手，让他们自主玩耍、自由探索，结果他们想出了多种不同的玩法，玩耍中无比投入。在这个过程中，我的精神处于高度紧张状态，就怕他们在活动中受伤，但是，在活动中，我逐渐发现：幼儿在活动中是有一定自我保护的本能的，他们对安全有一定预估能力，尝试的动作也是在自己能够掌控的范围之内。）

情景四：活动结束，做完放松活动，小朋友主动和老师一起收放材料，丑丑拖着垫子往楼上走，走到转弯处垫子被卡住了，星星看见了马上过去将垫子后面抬起，和丑丑一起非常默契地把垫子抬了上去。

（活动开展以来，幼儿在和老师一起收放材料过程中，养成了爱劳动、会收拾的好习惯，不需要老师提醒，他们都会自主收放整理好物品，当幼儿在收放材料中遇到困难，其他幼儿也会主动帮助，体现了大班幼儿有较强的互助意识和合作

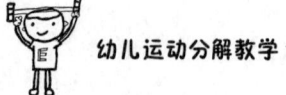

意识。)

(三) 活动反思

1. 尊重幼儿主体地位,让幼儿用自己的方式解决问题

活动中当幼儿发生争执时,我并没有直接主动介入,而是观察并让幼儿自己想办法解决,充分尊重幼儿在活动中的主体地位。当幼儿在活动中遇到问题时,如果老师贸然干预,不仅可能打扰幼儿的游戏,还会限制幼儿的发展。我们不妨相信幼儿,在一旁耐心等待,让他们用自己的方式解决问题,我们会发现,幼儿比我们想象的更能干。

2. 学会放手,让幼儿自由探索、自主玩耍

在"小空间、大智慧"最初的活动中,老师出于安全的考虑,对幼儿的活动有着过多的限制:不要滑得太快,不要到处乱跑……总想着为幼儿设定好玩法,希望幼儿按照我们设定的玩法、根据我们的指导进行游戏。可幼儿天生喜欢探索、喜欢冒险、喜欢尝试,过多的限制也限制了幼儿在运动中的乐趣,他们想要探索新鲜的玩法,于是,我尝试在活动中放手,让幼儿自由玩耍,他们一下子释放了,尽情地探索、尽情地体验,无比快乐和满足。活动中我们要为幼儿创设有趣的游戏场景,提供丰富的活动材料,然后给与他们充分的时间,让幼儿在与环境和材料的互动中去探索、尝试。老师要学会放手,把游戏的主动权还给幼儿,让他们在游戏中更加自主、更加快乐。

3. 自然习得,让幼儿养成良好的品质和习惯

活动结束后,老师放手让幼儿去收拾整理材料,他们一起分工协作,互帮互助,将材料收放整齐,养成了爱劳动、会收拾的好习惯,而这些优秀的品质和良好的习惯会让幼儿终身受益。

4. 分层指导,让不同能力的幼儿都得到发展与满足

放手让幼儿自由玩耍并非放弃活动中对幼儿的指导,而是作为活动的支持者和配合者,在幼儿需要的时刻出现。活动中同样的活动场景,老师给与两个幼儿的指导策略却截然不同。教师根据幼儿身体的协调性以及动作发展水平进行分层指导,让幼儿在自己原有基础上获得提升,并获得成功的体验。放手是幼儿在前,教师在后的细心观察,放手是了解幼儿真实发展水平后对其有效支持的深入思考。

四、分解式游戏教学法在中班幼儿立定跳远动作教学中的运用

何 巧

双脚立定跳远是幼儿必须掌握的基本跳跃动作。中班幼儿已具备完成跳远动作所需的基本能力,能够完成较短距离的跳远动作,但需要有老师对立定跳远动作的合理示范讲解才能让幼儿动作符合规范,并促进幼儿立定跳远动作的习得。教学中我们很容易发现,教师完整示范立定跳远动作后,幼儿并不能完全模仿,即使模仿了,动作也很不协调。教师往往对此也很疑惑,但又不知该如何教学。据此,笔者以分解式游戏教学法为主要教学方法,对立定跳远动作进行了要点分解,并在此基础上制定了分解教学的安排。笔者从动作、情景、难度三个方面来进行分解,以期为立定跳远动作教学提供新思路。

(一) 分解动作——逐个击破幼儿学习的难点

国内相关研究表明:幼儿时期男生与女生立定跳远动作发展迅速,主要表现为下蹲时间的减少和腾空时间的增加。随着年龄增长,幼儿到5.5岁已经基本掌握立定跳远动作要领,可以继续练习更有难度的动作。原地立定跳远由预摆、起跳、腾空、落地四个部分组成。教师要让幼儿记住所学跳跃动作的名称和动作要点,如立定跳远,初步形成摆臂助跳和落地意识。

首先,我们要分解动作要点。如图3-1所示,虽然从动作完成的先后顺序上来看,落地是最后的,但事实上落地缓冲对幼儿学习立定跳远动作非常重要,幼儿不会控制时反而很容易对幼儿造成运动损伤,甚至有可能是不可修复的。其次,幼儿跳远时没有摆臂意识,摆臂动作的配合是为了让幼儿通过身体收缩获得起跳时的弹动力。最后,才是手脚全身协调地整合立定跳远的动作。另外,教学中要注意采用"连进式"教学顺序(如图3-2),避免幼儿因分解教学产生整合障碍。

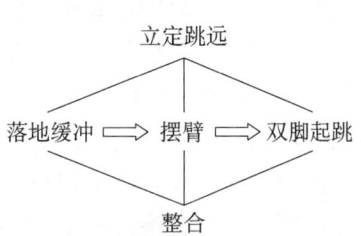

图 3-1 立定跳远动作分解图示

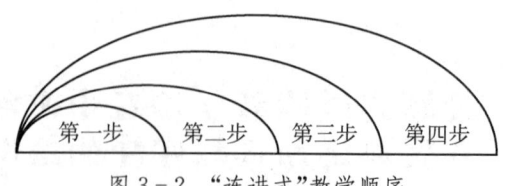

图3-2 "连进式"教学顺序

分解了动作要点后,我们要对立定跳远动作进行分解教学,具体过程如表3-1所示。

表3-1 立定跳远动作分解教学安排

序号	分解动作	动 作 目 标	课时安排
1	落地缓冲	从一定高度起跳,落地时屈膝下蹲,低头弯腰	2课时
2	双起双落	双脚同起同落往前跳,注意下蹲缓冲落稳	2课时
3	感知蹬地	双脚同起同落竖直起跳,感知用力蹬地	2课时
4	协同起跳	摆臂屈膝配合,练习起跳	1课时
5	整合跳远	摆臂协同,有划线距离的目标练习跳远	2课时
6	腾空	增加身体收缩幅度,提高腾空高度	2课时

(二) 分解情景——在游戏中习得动作要点

幼儿体育活动离不开游戏情景,分解情景指的是我们在一个完整的游戏背景下,需要根据不同的动作要点设置合理的情景。针对立定跳远等跳跃动作的练习适合在教师主导下进行,预防自主探索时因落地姿势不标准带来运动损伤。在情境中,教师要完整示范动作,并且示范动作要优美,激发幼儿模仿的兴趣。在教学中,教师可以多用模仿法引导幼儿练习动作,教师可拓宽模仿对象,可模仿青蛙、袋鼠、舞蹈演员、体操运动员做起跳动作;可模仿飞机、小鸟、跳水运动员做腾空动作;可模仿小麻雀、落叶、花猫做落地动作。

在中班立定跳远"小小兵"活动中,第一环节游戏"高人矮人",设置情境"如何一边躲避敌人的子弹一边查看外面的情况",并通过口令"12,12,12,……"将屈膝弹动的预备动作贯穿其中。然后,设置教学需要的情景"接到了举报,要去大森林里拯救小动物"引出游戏"小火箭",幼儿在模仿学习小火箭起飞的动作中,练习了向上纵跳的动作,获得了用力蹬地屈膝跳起的经验,同时添加情景"小火箭着陆时应该怎样做才不会被敌人发现",用以启发幼儿"轻轻着地",引出屈膝下蹲缓冲的动作学习。在这两步的基础之上,幼儿尝试跳远,进一步感受跳远的不同距离带来的不同感受,教师总结梳理幼儿经验,得出跳远动作要领。最

后,是动作的练习巩固环节,情景设置为"跳过大河,两人合作用担架护送小动物",不同距离的黄线设置为"大河上飘着的木头",幼儿便能很快理解必须跳到线上这一任务,而且会自觉自主规范并检核自己是否达成任务。

以中班立定跳远活动"小兔拔萝卜"为例,幼儿扮演小兔,老师扮演兔妈妈带着幼儿根据故事《小兔拔萝卜》里的情节一步步克服障碍,躲避大灰狼、开小火箭飞、跳远过小河,最后小兔跳过菜地,拔到了大萝卜。这个活动中的情景分解为如下四个环节。

1. 下蹲:躲避大灰狼

体验下蹲动作,为摆臂屈膝动作协调做准备。

2. 下蹲＋摆臂:划船

慢动作练习跳远摆臂动作。

3. 下蹲＋摆臂＋起跳:小火箭

练习起跳和落地:原地纵跳,用力蹬地,轻轻落地,下蹲缓冲。

4. 整合跳远:小兔拔萝卜

梳理跳远经验,进一步熟悉跳远动作要点。

(三) 分解难度——促进幼儿动作进一步发展

在游戏练习中主要从两个方面巩固提升幼儿立定跳远动作的发展。

1. 宽度增加

因为立定跳远动作中男女差异很明显,参考 1998—2010 年我国学前儿童立定跳远测查数据(以 2010 年为例),中班幼儿(4 岁)男生可达到 79.1 厘米,女生可达到 74.5 厘米。教学中教师要从幼儿的实际情况出发,设置距离梯度,一般不超过 100 厘米。

表 3-2　1998—2010 年我国学前儿童立定跳远测查数据

年龄	3 岁	4 岁	5 岁	6 岁
男	61.1	79.1	95.1	106.6
女	57.8	74.5	89.3	96.9

2. 跳跃有一定高度的障碍

观察发现,幼儿很难腾空,或者他们的双脚只能略微离开地面。这时,教师可以考虑通过增设一些简单高度障碍,如小积木,再高一点的如小布包,一般高度不超过 10 厘米。

设置障碍时要注意不要影响幼儿跳远活动的参与。障碍置于起跳线稍前一

点位置,避免紧挨起跳线干扰幼儿起跳,同时避免置于靠近幼儿落地处,以免幼儿发生摔倒、踩滑等情况。

通过对立定跳远动作、情景、难度三个方面进行分解教学,幼儿能合理地进行动作模仿学习,更易于把握立定跳远动作的要领,尤其是要在一开始解决好落地缓冲的问题,才能避免幼儿产生运动损伤。要注意的是,进行立定跳远完整动作示范教学时,要将幼儿之前习得的动作要点经验进行有机整合,避免幼儿产生整合障碍。

五、以助跑跨跳为例探索幼儿动作的分解教学

周 莹

生命在于运动,但是没有哪个生命阶段,运动会如童年阶段一样占据着如此重要的地位。惊人的活动量和运动欲都是童年阶段孩子成长和发展的标志。[1]已有研究表明:儿童早期的动作发展不仅能够促进大脑在结构上的完善,是其智力发展的重要指标,更是其心理发展的主要建构力量。[2]因此,幼儿阶段的动作教学对于孩子动作的发展以及其他各方面的成长尤为重要。

目前幼儿园中的动作教学大多为教师将整个连贯的动作向幼儿展示,并引导幼儿进行学习。这样虽然能够使幼儿在较短的时间内习得较多的动作,但这不利于孩子更为精确地掌握整个动作,对某一动作要领的忽视更是会对其进入小学后进一步的动作学习造成阻碍。鉴于此,笔者决定在进行动作教学时注重幼儿对动作各项分解要领的掌握,将动作分解教学法投入幼儿动作的教学当中,并以助跑跨跳为例对动作分解法的实际应用进行探讨。

(一)概念界定:动作分解教学法

动作分解法亦称"分解练习法",是指把一个完整的动作合理地分解成几个部分或几段的练习方法,通过对几个细小部分的掌握从而更好地完成整个动作的过程。其优点是可以简化教学过程,有利于加强动作困难部分的学习,缩短教学时间,提高受教者学习的信心,使其能更快地掌握动作。这一方法被广泛应用在舞蹈和体育竞技等领域,受此启发,笔者将这一方法运用到幼儿的体育动作教学当中,以期能够弱化教师的教授,让动作在游戏情景中自然发生。

通过探讨,我认为,幼儿动作分解教学法有别于体育竞技中的分解教学,它不注重立竿见影的效果,而是强调通过若干的游戏,让幼儿对动作的各个要领有深刻的印象,并能根据自己的能力相对规范地完成整个动作,为其进入小学执行规范的运动动作打下结实的基础。

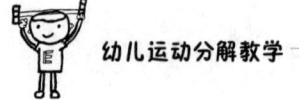

（二）动作分解教学法实施要点

1. 把握动作的要领分解

每一个动作都由若干个单独的动作要领组合而成。实施动作分解教学的首要关键点就在于如何将一个动作正确且恰当地分解开，形成若干个单独的分解动作。动作的分解与组合是动作分解法的首要与关键，因为它关系到整个活动设计的科学性和适宜性。因此，在设计实施动作分解教学之前，教师必须对动作进行专业的学习与分析，把握住该项动作的关键要领，并将其进行分解，使其形成若干个可以实施练习的单独项目。做好了动作分解与组合，动作分解教学才能展其所能，有效地帮助幼儿打下动作学习的基础。

2. 掌握幼儿的年龄特点

幼儿在园年龄大多为 3—6 岁，每个年龄班虽然只有 1 岁之差，但一年的成长与发展对于不同年龄的幼儿来说差别是相当大的，他们在运动能力、理解能力、语言能力等方面都存在着较大的差距。所以，教师在实施动作分解教学时必须考虑幼儿年龄特点这一重要的因素。首先，教师必须以《纲要》《指南》等文件为指导选择所要教授给这个年龄段幼儿的动作；其次，根据幼儿的发展水平将动作进行分解，以助跑跨跳为例，如幼儿对于跑的动作掌握得较好就可将其分解为跨、跳，最后加上"跑"，整合为完整的助跑跨跳。如果幼儿仍需练习跑步动作，则可将助跑跨跳分解为跨、跳、跑三个动作；最后，引导幼儿将若干个分解动作进行整合，并根据幼儿的年龄特点与发展水平决定动作整合的规范性。

3. 设计有趣的游戏，让幼儿在游戏中练习

游戏是幼儿在幼儿园当中主要的任务和工作，幼儿园当中的所有活动几乎都是以游戏的形式进行的，体育活动更是如此。在动作分解教学活动当中，教师所设计的将不止是单独的一个游戏，而是根据分解动作的要领设计相应的游戏活动。另外，还要注意的是，虽然设计的游戏是单独进行的，但是活动仍需要一个统一的游戏背景。这就要求设计游戏时应考虑每个游戏之间的联系，使他们统一于一个游戏背景之下。这样，不仅能让幼儿对于活动的兴趣和积极性得到延续，更能间接地引导他们进行统一的逻辑思考。

4. 对动作要领进行有机整合

这是动作分解教学的最后一步，也是目标达成最关键的一步。动作要领整合的前提是幼儿已经通过各种游戏将所有分解的动作要领都掌握了，待幼儿掌握后，如之前所说，教师根据幼儿的年龄特点和动作水平，设定出完整动作的规范程度，再通过游戏引导将所有动作要领整合起来，形成适合幼儿年龄阶段的"规范"动作。

（三）应用实例：中班"助跑跨跳"动作分解教学

《3—6岁儿童学习与发展指南》中指出：中班幼儿(4—5岁)能助跑跨跳过一定距离,或助跑跨跳过一定高度的物体,因此助跑跨跳这一项动作的学习与练习符合中班幼儿的发展要求。

1. 动作分解

由于教授对象为中班幼儿,且他们对"跑"的动作掌握得较好,所以我将助跑跨跳分解为跨和跨跳两项,最后加上跑,整合为完整的助跑跨跳。

2. 游戏分析

中班幼儿对魔法非常感兴趣,所以我将整个游戏背景设定为强大的魔法将幼儿变幻为各种动物。

（1）分解：跨的游戏。

魔法女巫把孩子们变成了一只只的大熊,让他们跨过四条小河取得七彩果子,再跨过小河回来。其中,"小河"由跨度为90—100厘米的若干张大泡沫垫拼接而成,四条"小河"之间隔有一定的距离。

这个游戏的重点在于引导幼儿练习"跨"的动作,所以教师可以利用"大熊"这一动物走路缓慢笨重的特点,引导幼儿一起学习大熊缓慢地走路,只有"慢"才能让幼儿体会"跨"的动作。同时,大泡沫垫的宽度也足以让"跨"这个动作必然发生。

（2）分解：跨跳的游戏。

女巫将孩子们变成了小鹿,同样要求孩子跨过小河取得七彩果子。本次游戏的重点要求老师引导孩子学小鹿一样跨跳过小河,这要求孩子对于小鹿有一定的了解,同时也需要老师恰当的引导和示范。要注意的是,每只"小鹿"必须慢慢地走到小河边,跨跳过去,再慢慢地走向下一条"小河",从而避免提前出现完整的助跑跨跳动作。

（3）整合：助跑跨跳的游戏。

首先,将四条小河变成单独的一条小河,并告诉幼儿女巫又将其变成了一匹匹小马。小马分为两队,快快地跑过去跨跳过小河,取得七彩果子,再跨跳过小河跑回来,比一比哪一队小马先把所有的七彩果子取回来。

这是幼儿第一次完整地接触助跑跨跳动作,所以游戏开始之前教师需向幼儿讲清动作的要领,并进行完整的示范。为了确保幼儿能够掌握完整的动作要领,教师可请一两位幼儿进行再次示范,并根据幼儿的完成程度决定教师的下一步教学。

（4）提升：连续助跑跨跳的游戏。

　　提升类游戏是在幼儿已经充分掌握该项动作的基础上进行的。在本次游戏中,教师可将场地布置为两条小河,每条小河之间间隔一定的距离,并告诉幼儿,女巫提升了难度,让小马快快地跨跳过两条小河取得七彩果子,看哪一队小马能够赢得挑战,获得胜利。另外,教师也可以根据幼儿的实际情况确定提升游戏的难度。

　　动作分解教学法重在让幼儿通过趣味的游戏扎实掌握动作的关键要领,并能在自身的动作发展水平上将各个要领相对规范地整合。其分解—整合—提升这三块步骤不要求在一次活动中全部完成,教师可根据幼儿的实际水平和所教授动作的难易程度灵活确定每块步骤所暂用的活动量和课时量,以期能让幼儿在有趣、必然的状态下习得教师所教授的动作。

六、打造民间体育游戏特色
凸显健康教育特色理念

胡　凤

《幼儿园工作规程》中明确指出:"游戏是对幼儿进行全面发展教育的重要形式。"民间体育游戏作为一种基于当地传统文化背景的游戏,具有较强的民间性、实用性、教育性、趣味性与竞技性,因此既能较好地满足幼儿好动、好玩、好模仿的心理特点,流传甚广并深受幼儿的喜爱,又能有效地促进幼儿在玩民间体育游戏的过程中得到更多方面的发展。幼儿园老师在教育教学活动中,如果能牢牢立足于本园实际情况,将各种民间体育资源巧妙地融入到幼儿园体育游戏中,对幼儿的发展都具有良好的价值和意义。

从我园的现状来看,对幼儿健康教育的研究由来已久,积累了十几年丰富的研究经验。构建了幼儿健康领域的目标、内容体系,探索出了行之有效的健康教育方法,初步形成了幼儿健康教育特色。

依据《纲要》在健康领域部分对幼儿体育的总目标,结合我园的实际情况,教师在对民间体育游戏的学习过程中提高了自身的理论知识,对民间体育游戏的价值和特点有了深入的理解。

(一) 打造民间体育游戏特色的价值

1. 民间体育游戏能增强幼儿身体素质

民间体育游戏作为体育游戏中的一种,幼儿在参与游戏的过程中能够得到走、跑、跳、攀爬、钻、跨、投掷、平衡协调等动作的练习,从而提高了身体素质。诸如踢毽子、老鹰叼小鸡,幼儿可以在奔跑中可锻炼肢体;丢沙包可以训练幼儿跳跃和躲闪,提高身体平衡能力和协调能力;斗鸡可以加强幼儿的单脚站立和平衡能力。

2. 民间体育游戏能促幼儿社会性发展

中国现代社会中每个家庭大多是独生子女,所以幼儿都习惯了一个人独自游戏,从一定程度上导致了幼儿有较强的自我中心意识。民间体育游戏则正是需要多人配合玩耍才能达到娱乐和教育效果的游戏。在民间体育游戏过程中,幼儿之间存在着游戏的组织、游戏规则的协商、游戏人数的选择等,这些无不体现了对幼儿社会性发展的影响,特别是对幼儿社会交往能力的发展有着积极的作用。

3. 民间体育游戏能激发幼儿对本土生活及其文化的关注和热爱

当前很多人对流行文化极其推崇,而对自己身边的本土文化不屑一顾。收集整理民间体育游戏,就是要把富有本土气息的现实生活呈现在幼儿面前,让他们在游戏中潜移默化地受到家乡优秀的地方文化资源的熏陶,从而激发幼儿对本土文化的关注和热爱,增强幼儿的民族认同感。

(二) 民间体育游戏的四大特点

1. 民间性

民间体育游戏是人们在当地本土文化背景下,通过自己的实践创作而来。是典型的本土文化代表,具有较强的民间性。

2. 实用性

民间体育游戏是人们按照自己的喜好和需要创作的,当地的人们为体验游戏的乐趣就可以随时随地玩起来,具有较强的实用性。

3. 教育性

民间体育游戏除了能促进幼儿动作发展、增强幼儿的身体素质之外,更能在心理上使幼儿体验喜怒哀乐等各种感受。民间体育游戏的教育性主要体现在培养幼儿自信、自强的品质和团结友爱的集体主义精神等优良道德风貌的塑造上。

4. 趣味性

民间体育游戏满足了幼儿好动的生理发展需要和好奇的心理需要,同时民间体育游戏常常伴有朗朗上口的儿歌,这些儿歌形象、生动、通俗易懂,孩子们百听不厌,并且乐意朗诵,所以它的趣味性使其富有较强的生命力而代代流传。

(三) 打造民间体育游戏特色的方法

在学习中老师理解了民间体育游戏的价值,这激发了老师对此类游戏的兴趣。老师抓住民间体育游戏的四大特点,以积极主动的态度投入到了打造民间体育游戏特色的探索中,我们做过很多尝试,并且获得了良好的成绩。

1. 利用多种途径整理收集资料

(1) 教师回忆童年经验。教师自己小时候也有过玩耍民间体育游戏的经历,通过对自身体验的回忆可以收集到一部分资料。

(2) 向长辈咨询收集。由于人们对体育游戏关注点的转变,有一些民间体育游戏逐渐被人遗忘,所以作为年轻一辈的老师们对很多前辈们耳熟能详的游戏闻所未闻,向长辈们咨询收集是一种有效的整理方式。

（3）查阅书籍。体育游戏的名字、玩法、种类、作用等等在书籍里都有详细的记载，只是不够系统和完整，所以要系统搜集民间体育游戏，就需要幼教工作者翻阅大量的书籍。

（4）网络搜索。随着信息技术的提高，人与人之间的交流越来越快而广泛。利用网络可以更快捷、更高效地收集整理到部分民间体育游戏资料。

通过以上方式我们收集到了很多民间体育游戏。走跑类：老鹰捉小鸡、贴烧饼、瞎子摸拐子、警察捉小偷、切西瓜、红灯绿灯马上开灯、地雷爆炸、盲人击鼓、盲人捉鱼、丢手绢、两人三足走；跳跃类：种西瓜、跳皮筋、跳绳、跳房子、夹沙包；平衡类：打籽、踩高跷；钻爬类：猎人抓野兔、炒豆豆；投掷类：丢铜板、丢沙包、投纸牌；综合类：拉大锯、手推车、骑马打仗、骑马马、脚尖脚跟脚尖踢、踢毽子、滚铁环、徒手拔河、舞龙灯、赶小猪、揪尾巴、挤油渣，等等。

2. 创设良好的游戏环境和条件

良好的游戏环境和条件是顺利开展民间体育游戏的前提。最大限度地挖掘和利用幼儿园有限的资源，结合体育活动的领域价值和民间体育游戏的特点，就能够最大化地实现幼儿园自身的办学目标和办园特色。例如，在创设物质环境的时候，由于我们幼儿园的户外活动面积有限，我们就尝试在走廊上或者操场边角划分区域、画上格子，孩子们就可以在有限的空间里自由组合玩"跳房子""夹沙包""踩高跷"等活动量不大的游戏；又如，在组织幼儿参与游戏的时候，老师提供时间、场地、玩具，给予幼儿充足的自由自己协商、组合、合作进行游戏。

3. 因材施教，促进幼儿健康发展

幼儿的身心发展和个性发展不仅决定着幼儿的游戏类型，也影响着幼儿的学习方式。在设计和组织民间体育游戏的时候，对不同年龄段的幼儿的身心发展特点来进行分析，进而选择适宜各个年龄阶段幼儿的民间体育游戏，对于充分发挥民间体育游戏的价值至关重要。例如，小班幼儿好模仿，注意力持续时间较短，动作发展还不够好，动作协调性和平衡性也还不强，喜欢重复玩同一个游戏，所以为小班幼儿选择游戏内容的时候要充分抓住他们的这一年龄阶段特点让他们在富有情趣的简短游戏中体验快乐和成功，例如拉大锯这样的游戏就适合小班幼儿玩耍。又如，大班幼儿的动作发展迅速，能够完成技巧性动作，且他们的思维由具体形象向抽象思维过度，可以为他们提供一些技巧性强、规则性强的游戏，从而使民间体育游戏实现他们最大的教育价值，比如跳跃类和投掷类游戏需要较严格的规则且具有一定的难度，因此比较合适大班幼儿玩耍。

七、巧用分解式教学法，提升幼儿身心健康

——以大班幼儿跳短绳为例

周安民

在幼儿园的五大领域活动中，健康教育是基础，因为幼儿的身体活动能力是其一切行为的基础。他们能做什么，不能做什么，主要取决于身体活动的具体能力。没有一个好的身体，一切都是空谈，所以要重视幼儿身体健康教育。

（一）跳短绳的意义及存在的问题

跳短绳是一项比较剧烈的全身性活动，摇绳促臂力，跳绳增腿劲，快摇练速度，多跳提耐力。孩子手脚的协调配合，还可以促进幼儿的协调性发展。而且，幼儿对自己身体活动能力的接受和肯定程度对他们自我意识的形成也是极为重要的。那些身体活动能力较强、能独立完成多种体育活动的幼儿，往往会形成肯定的"自我"概念，对生活中问题的解决也具有较强的自信心，且行动积极。

但是，现在很多家长过分追求孩子的智力开发，认为跳短绳除了锻炼一下身体之外，没有其他任何作用，对孩子是否认真参与活动也漠不关心。然而，由于跳短绳活动对孩子的动作技能发展要求较高，如果没有好的指导，只是采用枯燥重复的练习，孩子很快就会丧失兴趣。

因此，作为教师，就必须从激发幼儿对跳短绳活动的兴趣出发，逐步转变家长观念，深入引导幼儿积极主动掌握跳短绳的方法和技巧，创造性地组织相关活动，从而达到既提升幼儿跳短绳的运动能力，又增强幼儿的自信心。

（二）分解式教学具体指导策略

1. 启发幼儿，感受乐趣

之所以把这一项放在首位，主要是为了激发幼儿对"绳"的兴趣。幼儿年龄小，他们参与体育活动的主要动力就是兴趣和自身的好动性。在组织活动时要注重关注幼儿，与幼儿一起玩，在师生互动中培养幼儿积极的情感体验。跳绳活动既要激发幼儿的活动兴趣，又要引导和鼓励幼儿去大胆尝试获取经验，从亲身体验中逐步认识自己的能力。

一开始，开展集体游戏，可以用绳为道具，让孩子运用绳来开展"跳过小河""走独木桥""左右行进跳"等游戏，这样可以激发孩子对绳的兴趣，还可以在玩中发现绳的许多玩法，进而产生了对绳的兴趣，同时学会绳的收放方法。

2. 逐步指导，有的放肆

教师对幼儿跳绳活动的指导要有的放矢，必须通过观察、掌握幼儿动作发展的现有水平和最近发展状况，发现幼儿需要克服的障碍，从而根据幼儿的年龄特点和个别差异采取相应措施。具体来说，可通过以下步骤和方法来指导幼儿学习跳绳。

（1）单手分别摇绳。

通过游戏"小鸟的翅膀"来引入，教会幼儿将一根绳子折成三折，然后手拿一端由手腕转动带动绳摇动，由后向前进行。在摆的过程中要求幼儿上臂夹着身体，而绳的摇动是靠手腕的转动。幼儿容易用整个手臂的摇动来带动绳的摇动，因此练习中要对幼儿说清楚动作要领。在由后向前摇动中，绳形成的图形是一个立圆。而幼儿很容易形成左右方向的立圆，因此要注意纠正幼儿手腕的转动方向。

（2）双手一起摇绳。

通过游戏"小鸟试飞"，引导并帮助幼儿将绳拴在腰间并打上结，随后把结划到背后，然后幼儿两手抓住绳的两端进行与单手摇绳方法相同的摇绳练习。在摇的过程中同样要求幼儿双臂夹住身体，利用手腕的转动来带动绳的摇动。在幼儿熟悉的基础上，让幼儿边摇绳，脚也做各种各样的动作，如单脚跳、双脚跳、跳动、走动等，让幼儿体会手脚配合运动时的协调感。

（3）摇绳过圈。

通过前几次的训练，幼儿们肯定都有了很大的进步，那就可以进行这一步了。将绳拴在腰间，两手拿着绳的两端，把多余的一节绳留出来，然后边摇绳边进行双脚的跳跃过圈练习。值得注意的是，在这个练习中要注意幼儿跳的节奏。有的孩子会出现多摇少跳或者少摇多跳的情况，因此要规定：手摇一次，脚才跳一次。还有就是双脚跳进圈，然后跳出圈，尽可能连续进行。并且，在跳的时候腿部稍微弯曲缓冲，前脚掌着地，身体保持正直。

（4）试跳荡绳。

首先请幼儿脚踩在绳的中间，手拿绳的两端，然后双手摇荡绳。荡一次双脚就跳过去，然后再进行第二次练习，这样连续进行。当然，要注意绳的荡动要缓慢，手的荡动和脚的跳跃要协调。

实践证明，经过这四个步骤的练习之后，大多数幼儿能够学会跳短绳，会用较为正确的方法进行活动。当然，幼儿之间也是存在个体差异性的，也许有的幼

儿很快就学会了,也有的幼儿反复了许多次还是跳不好。作为教师一定要注意多给幼儿提供模仿的对象,鼓励幼儿多练习。还可以让幼儿独立练习,给幼儿一根短绳,让他自己充分尝试错误。学习任何动作技巧,都有一个内化的过程,要相信孩子。

3. 外部刺激,培养兴趣

这是最艰难的一步,也是实现教学目标的难点。因为现在物质生活富足,幼儿的玩具应有尽有,大多数幼儿对跳短绳是三分钟热度,还有些幼儿觉得自己会跳了就对跳绳不感兴趣了。而教师则要运用多种方法,吸引幼儿的注意力,培养幼儿主动练习的兴趣。

例如,经常性的谈话总结是最有效的方法,每天锻炼后可利用一两分钟时间和幼儿进行谈话。可别小看这几分钟哦,它能渗透许多近期目标,并取得最大的教育效果。如果跳绳后老师说:"今天老师发现班上有 3 名小朋友能连续跳绳了,你们猜猜是谁?""谁知道我们班跳短绳最厉害的是谁啊?"当请跳得最好的幼儿上前表演时,小朋友看得很仔细,教师就可以问:"你们想不想跟他一样好? 我们应该怎么做?"小朋友讨论后得出:要不怕困难,坚持练习,只要比上次好就是进步。接着,又发给每位幼儿一朵小红花,鼓励会跳的孩子说:"你已经会跳了,再加把劲就可以更好了。"对不会的孩子说:"你认真练过了,这朵小红花是鼓励你以后能认真练习的。"最后,对全班幼儿说:"不管你现在跳得怎么样,只要你坚持练习,肯定会一天比一天有进步,明天我们来看看哪些小朋友进步得更多一些。"

4. 综合锻炼,加强体能

一段时间的教学后,我发现大多数幼儿在连续跳到二三十下时就会后续乏力,很难再顺畅跳下去,这是因为体能素质的相对欠缺影响了幼儿原本固有的跳绳节奏,那么就需要加强耐力训练。学跳短绳期间应该做一些练习跳跃、练习耐力的活动,比如小青蛙跳荷叶、我和球一起跳、蹦跳床等。曾经有段时间,一到户外活动时间我就和孩子一起练弹跳、爬滑梯、翻越木梯子、爬圆筒等,通过增加孩子的运动负荷从而达到提高耐力的作用。

5. 比赛展示,自我提高

在组织孩子练习跳短绳的过程中,经常听到这样的话:"我能连着跳十几个,你呢?""我会单脚跳,你会吗?"可见,幼儿对同伴间的比赛和竞争十分青睐,他们喜欢能与同伴挑战的活动。于是,同年龄段的班级在操场上就展开了一次别开生面的跳短绳挑战赛。孩子们的热情很高,就像奥运会上的运动员一样。在比赛中,我们分两项进行:第一,一分钟跳短绳比个数;第二,花样跳绳比赛,看谁会的花式跳绳方法最多。活动后,还给幼儿发了"喜报"。离园时,他们都迫不及

待地举着"喜报"向家长炫耀。

6. 家园协作，共同进步

幼儿园任何一项活动的深入开展，单靠老师的力量是远远不够的。首先应该让家长认识到跳绳对孩子各方面发展所起到的积极作用。于是，在家长会上介绍孩子近期身体发展的目标，强调练习跳短绳的重要性，并对家长进行集中培训。同时，请家长在家为孩子准备一根绳，方便幼儿在家中练习。在家里，我们还倡导家长每天抽出十五到二十分钟时间和孩子一起练习跳短绳，通过一对一的指导，效果肯定更好。很多孩子都是在家长的陪同下，回家开始主动练习跳短绳的。因此，学会的速度就越来越快了。而且，第二天到了幼儿园，他会感到很自豪，因为他掌握了跳短绳的技巧，明显能感觉到自己跳短绳能力的提升。

环境对幼儿的发展起了很大作用。不管是在家里还是在幼儿园，家长、老师和孩子们一起跳短绳，为幼儿创设快乐、轻松的氛围，能够更好地促进幼儿的发展。

7. 整合运用，鼓励创新

在大部分幼儿都有比较好的跳短绳基础和比较浓厚的跳短绳兴趣后，还可以组织幼儿进行能激发幼儿创新能力的多样化玩绳活动。积极鼓励并引导幼儿们利用短绳想出不同玩法：有的和以前的多样化玩圈结合起来，有的和民间体育活动如跳房子、走钢丝等结合起来，还有的利用绳来进行跳高、下腰等活动，甚至有的孩子彼此联合起来摆开短绳大阵让同伴闯关，还有的摆出了可供人在其中走动的大迷宫，真是创意非凡、精彩纷呈。

当然，这些只是结合我的教学经验以及所执教班级幼儿的相关学习经验所得出的一些研究成果，希望能对大班幼儿跳短绳的教学活动具有一定的参考借鉴与推广作用。

八、幼儿园运动活动中教师的观察与指导

——以大班平衡活动的开展为例

唐路林

观察是教师开展一切教育活动的前提,幼儿园实施教育应当观察先行。在运动活动前教师应该设定观察主题,在运动活动中选择合适的观察"点"并采取适当的方法进行观察。观察能够让我们了解如何确定和调整活动内容,让我们见证每个幼儿的成长,并成为相互的老师。

(一) 观察的原因和现状

《指南》中提出教师的角色不仅仅是一般意义上的活动设计者、组织者、指导者,还应当是儿童活动的观察者、记录者和解读者,而在这一系列角色定位和承担中,观察无疑最为核心,它是教师开展一切教育活动的前提,因此幼儿园实施教育应当观察先行。

在实践中,受多方面因素的影响,许多教师还不太会观察幼儿,观察的意识和技能不强,观察目标不明确,往往捕捉不到有教育价值的关键信息,也不太会对观察到的信息进行分析,因而很难根据观察到的信息制订教育计划、组织活动。特别是在体育活动中,幼儿处于运动状态,教师能有效地观察到幼儿的运动能力就更难了,因此在运动活动中教师如何有效地观察与指导就成为了迫在眉睫的问题。

(二) 如何在运动活动中的进行观察与指导

1. 活动前设定观察主题

设定观察主题即在活动中我们要观察什么。在活动前根据活动内容明确在活动中重点观察的内容。比如,在大班平衡活动"过小桥"中我观察的重点是有多少小朋友能自然、协调、平稳地走过高10厘米宽10厘米的曲线小桥。在大班平衡活动"走轮胎"中我重点观察是否有小朋友走轮胎比较畏惧或者不敢走轮胎。在"营救小动物"的活动中我重点观察小朋友是否有合作的意识,能不能合作走过低矮的"小桥"。通过在活动前明确观察内容,就让我们在活动中能够更有目的地观察。

2. 活动中选择适合的观察"点"与观察方法

（1）选择合适的观察"点"。

合适的观察"点"就是教师观察幼儿的位置。与其他领域中幼儿的活动范围不大，因此教师很容易找到观察的位置。在体育活动中面对着移动的个体，教师观察幼儿的位置就显得尤为重要。在平衡活动中幼儿多依靠一定的器械进行游戏，比如梅花桩、平衡木、绳子、鞋印等。因此，我们可以根据材料摆放的位置来确定观察位置。当幼儿分成两组鱼贯进行游戏时教师可以站在材料的中间靠后的位置，这样既能让每个幼儿在老师的视线范围，保证幼儿的安全，又能清楚地观察到每个幼儿的活动情况。当幼儿分散自由游戏时，教师就与保育老师分组观察，教师选择本次活动的重难点处观察幼儿的活动情况。比如，在"营救小动物"活动中，幼儿们要合作抬担架在平地上走、在较矮的平衡木上走和在"S"形平衡木上走，教师可以把观察位置选择在"S"形平衡木上走，这样既能保证幼儿的安全，又能了解到幼儿对合作抬物体走过"S"形平衡木掌握程度。

（2）选择合适的观察方法。

在体育活动中观察不同于其他活动的观察，体育活动中幼儿处于运动状态，怎样观察才能更简单快捷且有效呢？首先，在观察主题的指引下记录幼儿的成功率。比如，在平衡活动"小马运粮"的活动中要求幼儿能头顶沙包走平衡木，因此老师在观察时要观察有多少幼儿能头顶沙包平稳走过平衡木，如果很多幼儿都没有完成，可以再次提出动作要领，再请小朋友试一试。为了激发幼儿参与的兴趣，也可以给成功走过的幼儿发小奖励如贴小五星，肯定他们的成功，也让老师可以通过五星来观察判断幼儿的动作掌握情况。其次，观察记录表现"特别"的幼儿，所谓"特别"指的是表现特别好或者特别不好之意。比如，在"走轮胎"活动中有些幼儿不仅能走过轮胎，还能在轮胎上变着花样走；而有些小朋友却畏惧走上轮胎。因此，对这些表现比较特别的幼儿，可以根据他们在活动中的表现采取不同的指导措施。对于对走轮胎比较容易的幼儿可以加大难度，比如让幼儿两两合作在轮胎上走；对于比较畏惧在轮胎上行走的幼儿可以采用鼓励的方式让他尝试。

（三）体验观察的"效果"

正确的观察方法，就像一条能够指引我们走向了解孩子心灵世界和思维世界的道路，不断的引导我们发现孩子的智慧和创造。那么，我们学习和实践这些方法后，我们又有什么改变？观察，给我们带来了什么呢？

1. 观察，让我们了解如何确定、调整活动内容

心理学研究表明：只有适度的要求才能有效地促进幼儿的发展，要求过高

或过低都不行。因此,要根据幼儿的最近发展区设置活动内容,才能有效促进幼儿的发展,要确定幼儿的最近发展区就必须通过教师活动前的观察。在平衡活动"小马运粮"中教师让幼儿头顶沙包平稳走过轮胎,很多孩子都没有完成要求,活动目标超出了幼儿的能力。幼儿的运动能力是一点一滴积累的过程,这种超过幼儿能力的活动不仅不能提高幼儿的平衡能力,还给幼儿带来挫败感。通过此次活动,老师决定把幼儿头顶沙包过轮胎改为幼儿提水过轮胎。通过调整,活动有了立竿见影的效果。首先幼儿们在活动中获得了成功的愉悦感,其次幼儿们都能在走轮胎的过程中调整自己提水的方式和绳子的长度,保持身体平衡,平稳地走过轮胎。

2. 观察,见证每个幼儿成长

观察让我们更加注重了幼儿发展的过程,而不是幼儿发展的结果。正是由于对幼儿发展过程的关注,我们改变了过去"一刀切"的做法,从幼儿的个体差异出发,对发展水平、能力不同的幼儿提出不同的要求。云云的平衡能力还没有达到班级的平均水平,这样看来她的平衡能力是很差的。但是,通过对云云三年的平衡能力的观察,她的平衡能力每学期都有进步,而且进入大班后进步很大。刚上幼儿园时云云下楼梯都比较困难,看到平衡木都躲得远远的,不愿意走上平衡木。进入中班后还需要扶着老师的手才敢在平衡木上走。进入大班后云云不仅能手持物体在较矮的平衡木上走,还能慢慢走过较窄的曲线平衡木,现在还主动试着走轮胎。正是由于对云云平衡能力的观察,才能在活动中设计不同难度的游戏,让像云云这样的幼儿也能够在活动中获得成功的喜悦。如果对所有的幼儿提出一种要求,能力强的幼儿感到"吃不饱",提不起兴趣;能力较弱的幼儿则"不敢吃",丧失了信心,这都将影响幼儿运动能力的发展。

3. 观察,让我们与幼儿相互学习,共同成长

细致的观察,不仅能让我们见证每个幼儿的成长,还能拓展我们的思维,推动活动的发展。在体育活动中教师常常会因为材料的选择而煞费苦心。在让幼儿合作运食物过独木桥的活动中,老师最先想到的是用"担架",但是担架中间有块布,会遮挡后面一位幼儿的视线。老师一直在思考应该用什么材料来运食物。在一次区域活动中,教师发现幼儿在抬两根棍子,棍子上系了一个小瓶子,一个幼儿对另外一个幼儿说:"让开,让开,我要把水运过去灭火。"观察到幼儿的游戏,老师立刻修改了活动,为什么一定要运粮食呢?可以用这个幼儿的方法设计一个消防员灭火的平衡游戏,这更有趣。观察孩子,是我们了解教育中存在的问题的途径,观察孩子的同时,也是我们学习成长的过程,孩子也是我们的老师,我们相互学习,共同成长。

九、幼儿运动活动组织与实施要点

徐文婷

我园是健康特色园,教师在组织幼儿体育活动中经过不断的探索和实践,逐渐总结了一些自己的教学经验。

(一) 在体育教学中重视幼儿的自主玩耍

现在的幼儿教育提倡幼儿的自主性。同样,在体育活动中幼儿的自主玩耍也应该得到教师的重视,教师应给予幼儿充分的自主游戏空间和时间,让幼儿体验自己当主人的快乐。记得在体育活动"多样玩球"中,从一开始我就把球给了幼儿,让幼儿自己去探索球的多种玩法,幼儿们通过自己探索、同伴合作等多种方式找出了球的多种玩法:抛接球、踢球、拍球、滚球、两人夹球协同走、头顶传球……在这个过程中,幼儿们玩得明显比教师教的时候要认真、有兴趣得多,并且一节课下来,幼儿们活动量也更加的充足,他们从独立探索到两两合作,再到多人协同,自己分工,大胆想象,在老师的引导下学习将自己想到的玩法与同伴分享,或者借鉴同伴的想法进行再创造,幼儿们的表现让我吃惊。自主玩耍不但激发了幼儿玩耍的兴趣,更能够锻炼幼儿的合作以及创新能力。

(二) 教师要学会解读幼儿的游戏

有一次在玩"小鸡快快躲"的活动中,一开始幼儿们参与的兴趣非常浓厚,对于小鸡和老鹰的角色也非常投入。在游戏过程中,我加入听"快走、慢走、快跑、慢跑"等指令进行游戏,但是除了个别幼儿能够遵守,大多数幼儿根本不听指令,在游戏中都是在快跑,而且还因游戏太过投入而产生了相互碰撞。课后我进行了反思,是因为教师在设计游戏目标和游戏环节时没有考虑到"遵守游戏规则"这一点,在老鹰没有出现的时候幼儿们或许会遵守规则,但是老鹰出来后,幼儿们在情境中便很难遵守规则或者听指令进行游戏了,因此出现了几乎都是快跑的情形。教师在备课和设计活动的时候就要先解读幼儿的游戏,有的要自己先玩一玩,才知道是否适合幼儿,也才知道这个游戏有哪些问题需要修改和注意。如果不事先解读或者模拟游戏,就容易在活动中出现各种问题。

（三）　让幼儿学会自我保护

在体育活动中老师们最关注的是幼儿的安全问题。与其总是老师去保护孩子，或者为了安全而限制幼儿的一些活动，不如教会幼儿在游戏中进行自我保护，这样不但幼儿玩得愉快，教师们也没有这么累。记得每次玩"老狼，老狼，几点钟"的游戏时，老师们总是担心幼儿们聚在一起追逐跑会出现安全问题，而事实也是常常有幼儿在追跑中摔倒、擦伤；在玩体育器械的时候也会出现器械打到同伴的情况……每次出现安全问题了，教师的反应总是限制幼儿的活动，幼儿们参与活动的积极性受到了打击。如果在日常活动或者在体育活动中教师随机渗入安全教育，让幼儿注意日常活动中的一些危险因素，教会幼儿避免危险，可以让幼儿玩得更开心、教师更省心。例如：在有棱角等不安全的地方贴上红点作为标记；活动前引导幼儿先观察周围环境，让幼儿找出不安全或者容易让自己受伤的地方，然后在活动时避开这些地方；在游戏时加入避让活动，让幼儿学会躲避运动中的物体……通过这些活动，培养幼儿的自我保护意识，增强自我保护能力。

（四）　关注幼儿的模仿行为

体育活动里的自选器械玩耍时间里，小朋友正在拿着飞盘、纸球快乐地玩耍，只见董多多拿着纸球和飞盘不断地对着小朋友扔，引起周围几个幼儿的模仿。被飞盘打到的几个小朋友来找我告状。于是我批评了董多多，并让他站在旁边暂停玩耍。而这个时候董多多对我说："徐老师，上次你和罗老师也是这么玩的。"孩子的回答让我深刻意识到教师的行为给孩子们带来的影响有多大。孩子的模仿能力是强大的，在模仿前后他并没有意识到这样的行为是不正确的，教师在孩子面前曾经有过这样的行为，所以孩子们以为：老师都做了，那么我也能做，或者这样做是正确的。教师在无意识间就给幼儿树立了一个不好的榜样，这也告诫了我们在幼儿面前行动要特别谨慎，成人间看来无伤大雅、无意识的玩闹行为，对于幼儿来说却有可能造成安全问题。幼儿户外体育活动的开展对于幼儿的身心健康有很大的作用，而自选器械活动更是培养幼儿自主发展的途径，如何注重幼儿玩耍的同时又能保证安全是需要教师思考的，而教师的言行影响着幼儿，也是需要特别注意的。

（五）　注重幼儿的动作示范

在一次钻山洞的活动中，我发现孩子们一兴奋起来就只顾速度，忽略了动作的规范性，因此在这个活动中，孩子们钻山洞的姿势千奇百怪。为了更好地规范

幼儿的基本动作,因此请做得好的幼儿进行示范,让其他幼儿学习和模仿。在发现一些幼儿出现错误动作的时候,我及时表扬了做得好的幼儿,并请他们上来进行单独示范,几次过后,孩子们错误的动作减少了,都自觉用正确的动作进行练习和游戏。在游戏中,幼儿们在老师的提醒下也能够及时纠正自己的动作,达到基本动作的规范练习。还有一次,在练习爬的基本动作中,我发现有的幼儿是按要求手膝着地练习爬的,有的幼儿就四肢着地爬,因此在经过山洞的时候总是要把山洞撞歪、撞倒。于是我请2个幼儿做代表,进行2种爬行的示范,让幼儿自己分辨哪种是要求的,能够顺利爬过山洞的动作;哪种是错误的,不能顺利爬过的动作。孩子们通过自己观察比较,发现了手膝着地爬行更好,因此在后面的游戏中自觉地用手膝着地进行爬行游戏,还能够提醒同伴纠正动作。通过这两种示范方式,在以后的基本动作练习中,幼儿动作的准确率提高了很多。

要组织好一个体育游戏活动,教师需要不断打磨,注意活动的各个环节和细节,通过反复的打磨、预设、试验、总结经验等多种方式去发现问题、思考问题、解决问题,这样才能让体育活动的组织与实施更加完善和成熟。

十、浅谈 2—3 岁托班幼儿体育游戏的开展

杜　鑫

《3—6 岁儿童学习与发展指南》中提到：健康包括身体和心理两个方面，是一种在身体上和精神上的完满状态及良好的适应能力。幼儿阶段是儿童身体发育和机能发展极为迅速的时期，也是形成安全感和乐观态度的重要阶段。发育良好的身体、愉快的情绪、强健的体质、协调的动作、良好的生活习惯和基本生活能力是幼儿身心健康的重要标志，也是其他领域学习与发展的基础。

《幼儿园教育纲要》指出："幼儿园的教学任务应是向幼儿进行体、德、智、美全面发展教育，使其身心活泼健康地成长。"由可此见，身体健康教育在幼儿教育中占有极为重要的地位。根据《纲要》提出的"强调培养幼儿对运动的兴趣，在自主活动的基础上，积累运动经验，体验运动乐趣；强调幼儿体质的增强和综合运动能力的培养，在尊重个体差异的基础上，提高幼儿动作的协调性、灵活性，并有一定的平衡能力；强调充分利用自然环境中各种因素进行锻炼，开展各种富有趣味的运动；强调在运动中培养幼儿大胆、自信、勇敢的个性心理品质。激发与培养幼儿对体育活动的兴趣是幼儿园体育的重要目标，根据幼儿的特点组织生动有趣、形式多样的体育活动，吸引幼儿主动参与，是促进幼儿身体、心理健康的重要前提。"

《指南》还提出了尊重幼儿发展的个体差异。既要准确把握幼儿发展的阶段性特征，又要充分尊重幼儿发展连续性进程上的个别差异，支持和引导每个幼儿从原有水平向更高水平发展，按照自身的速度和方式到达《指南》呈现的发展"阶梯"，切忌用一把"尺子"衡量所有幼儿。对于托班 2—3 岁的幼儿来说，年龄越小就更应该遵循《指南》的精神，尊重他们独特的年龄特点和兴趣。托班的幼儿已能完成坐、立、走、爬、钻等基本动作，手眼协调能力也有了一定的发展，他们的基本动作发展进入关键期。因此，根据孩子的兴趣、动作发展特点、能力与水平，将基本动作融入到幼儿一日体育游戏活动之中，在体育游戏活动中将这些基本动作融入其中，分别提供不同的材料而且将材料的层次拉开向幼儿提供不同材质、不同层次、用于不同活动形式的自制材料，以满足不同层次幼儿的需求，为幼儿提供了自主选择与发展的环境空间。

（一） 从自然起步，养成幼儿良好的运动习惯

刚入园的托班幼儿,任性、娇惯,不习惯集体活动,没有良好的上课常规和运动习惯,这样进行集体教学就会出现困难。所以,首先要做的是从自然起步,学习良好的常规和习惯。自然顾名思义就是"顺其自然",让幼儿在一种轻松自然的氛围下学习一些简单常规,如:排队,利用幼儿们爱玩游戏的特点,利用游戏"站在宽宽的小桥上""汽车停在停车场""找个圆圈站站"等好玩、生动的游戏,让幼儿很快就有自己站队的意识。在练习走圆时,就在场地上画好圆圈,带领孩子们随意地在圆上走,开始自然放松,教师逐步发挥主导作用,运用音乐和唱游的方式,引导孩子们模仿动物回家、模仿打击乐器巡游等方式,从而使孩子们逐渐体会走在圆圈上,学习一个跟着一个走。自然起步之后,教师运用教具,引导孩子听口令跟着目标走,如"沿着小桥走一走(场地上已有的宽线条)""对准 XX 走一走(直线距离上摆放一个孩子喜欢的玩偶)"……孩子们喜欢去和自己的玩具做朋友、喜欢去摸一摸玩具玩,这样的游戏场景能促使孩子在自然而然的情况下学会听老师的口令做游戏,并在自然放松的条件下学会一些基础的简单的队列队形。同时,教师还注意了情感上的经验储备,利用大班孩子早操时间,带领孩子们观摩,引起孩子们的学习和模仿的愿望,在为哥哥姐姐鼓劲呐喊中使孩子在没有压力、没有拘束的情况下很快适应集体生活,适应老师的指令游戏,参与幼儿园体育活动。

（二） 以游戏情境为主，激发幼儿体育游戏的兴趣

人们常说:兴趣是最好的老师。有了兴趣,就有了学习的积极性和主动性。对于孩子来说,身体素质的培养是通过丰富多彩,趣味性强,深受自己喜爱的各种身体练习来实现的。强调以游戏为基本的活动方式,以各种身体的基本活动为主要内容,在托班的体育教学则是更体现出游戏的重要性。如果一节课只是单纯教授动作,语言讲解、枯燥的练习只会让孩子感到乏味、没有兴趣。托班的孩子年龄小,行为的目的意识较差,注意力集中时间短,易接受直观、形象的教学,游戏是幼儿最喜欢的活动,游戏能使孩子的情绪愉快、身心愉悦,潜能得到开发。他们会被一个游戏、一个情节所吸引,从而带着兴趣去游戏、去学习,使身体得到全面锻炼。游戏是一种注重过程的活动,对托班幼儿来说,在活动过程中就能体验到成功的快乐,从而逐渐获得经验的提升。因此,在平时的活动中,为孩子创设自由宽松的游戏情境,使所有的物象都"活起来",如"站在圆圈里"比作小鱼的家,离开了红线线就会被小猫给抓住;"平面走平衡(S线)"在场地两端摆上幼儿们喜欢的玩偶,游戏就是走过弯弯的小路去摸一摸娃娃,并提示幼儿们只有

"这一条"路是通向娃娃的,老师还要与保育老师配合以娃娃口吻去表扬鼓励走得好的幼儿:"真高兴见到你!""你是从S形的小路走来的吗?""能抱抱我吗?"这些具有鼓励性和引导性的话语,使单调无聊的练习变得有趣而生动。幼儿们在童话般的情景中既锻炼了身体,又获得了积极的情感体验。由此可见,通过游戏情景的创设,幼儿们的模仿力、表现力、动作和情感意志都自然而然得到了发展。

同时,还注意在游戏中准备、在游戏中学习、在游戏中放松,使幼儿们更好地学习知识技能,全面地进行身体大动作的练习。如游戏"小兔拔萝卜",教师把场地美化成有花有草、有蘑菇的地方,幼儿们和老师一起戴上头饰,在音乐伴奏下模仿小兔出门玩耍的情境来到场地上,可以走一走、跑一跑、跳一跳,全身都得到了舒展和放松,幼儿们被情境所吸引,有继续游戏的兴趣。在练习双脚行进跳时,不是让幼儿一遍又一遍地练习,而是设置一定的情境,如去采花、采蘑菇,并引导幼儿们在一次一次的"采摘活动"中突破重难点,游戏动静交替,在自然轻松的气氛下结束了,使幼儿感到意犹未尽。通过游戏,幼儿们对体育活动的兴趣增强了。为了使每次活动都能吸引幼儿,教师还准备了直观、形象的教具,使幼儿在每次运动中都有收获、都有提高。

(三) 提供丰富生动的运动材料,激励幼儿积极投入游戏

2—3岁的幼儿处于对新异事物的探索阶段,此时他们对新奇事物特别感兴趣,对于教师投放的许多运动材料都十分感兴趣,都能引起他们注意和喜爱。提供丰富的运动材料,能弥补单纯"教授一节体育课"的不足,还可以提高幼儿的积极性,丰富幼儿的运动生活,锻炼幼儿的思维。在活动中,教师要注意"两个自由",一是幼儿自由选择体育材料,二是自由发挥想象力选择玩法。2—3岁的托班幼儿有自己独特的思维特点和学习特点,许多体育器械或自制材料拿在手上却不会玩,处于观望状态。教师观察到这种情况后,不急于去教他们怎么玩,而是要先耐心观察幼儿们的第一反应,看看他们会用那些材料干些什么、怎么玩,再进行必要的引导和指导。根据教师引导,幼儿们才能先模仿着玩,再尝试创新玩法。例如游戏"自制的彩色尾巴",有的幼儿拿到材料就问:"老师这是什么?""怎么玩?"有的幼儿拿着就开始扯,那教师就从"扯"开始,请大家来观察使劲扯"尾巴"的孩子是怎么做的,自己也试着扯一扯尾巴。孩子们在扯来扯去中发现很多奇妙的现象:连续的扯会发出声音,可以仔细听一听是什么样的声音;两手伸得很直时尾巴就挨着身体很近,感觉是在扩胸;一不小心掉了还可以抛起来……现在班上的孩子只要是选择"彩色尾巴"就可以玩出很多花样了。"彩色尾巴"这一活动,教师不是手把手地教,而是采用同伴观摩示范的方法,让幼儿观察、吸收、加工、模仿、调整,使他们有一个自我思考和调整的过程。在幼儿的游

戏过程中,教师也根据幼儿的玩法不断调整、启发、引导,鼓励幼儿创造性地使用活动材料,玩出多种玩法,拓展幼儿的游戏思维,发展幼儿的多种能力。还有大小各异的塑料圈、大小不同的泡沫垫、一块大大的布等,这些材料都可以加入这个游戏中。教师可以引导孩子把小圈做方向盘发展跑、把东西投进圈中、小圈放在头上顶一顶、跳起来摸一摸腾起的布、把小布包投在系有铃铛的大布上……,孩子们可用这些生活中随处可见的材料进行走、跑、跳、投、钻爬等动作练习,从玩耍不同的材料中体验身体锻炼乐趣、获得自信。

　　另外,幼儿来自不同的家庭,所受的教养方式和健康状况都不尽相同,接触的外界环境各异。他们存在着个体差异,又处在动态的发展过程中。我们应当尊重和承认儿童在经验、能力、兴趣等方面的个体差异,了解和观察幼儿的动态,给予不同幼儿适时、适当、适度的帮助和引导。教师在日常活动中要树立正确的儿童观,在活动中坚持面向全体、因人施教。对于胆小、不爱动的、动作笨拙的幼儿,教师要仔细观察,及时指导,尽可能给予幼儿充分表现自己特点和长处的机会,鼓励幼儿每一次的进步。要让每个幼儿都看到自己的进步与成绩,产生成功的快乐与满足的良好体验,增进他们的成功感,唤起幼儿的自信。

十一、红岩幼儿园幼儿动作发展水平专项质量分析报告

张　果

为进一步凸显我园的运动教育特色,依据《3—6岁儿童学习与发展指南》精神,根据各年龄段幼儿动作发展的特点,红岩幼儿园制定了本园《3～6岁幼儿动作发展评估标准及操作细则》,通过观察评估与对照,全面细致地了解全园240名幼儿动作发展状况,有针对性地开展运动活动,最终促进每个幼儿在原有水平上得到充分发展。

（一）评估时间

每学年期初和期末。

（二）评估对象

全园幼儿。

（三）评估形式

各年级组教师交叉评估幼儿。

（四）各年龄段评估的动作类型

跑、跳、投、平衡、钻爬等基本动作。

（五）各年龄段基本动作观测评估分析

大班组投掷动作数据统计

表3-3　班级：大一班

		投掷 抛物线过低	上下肢力量、速度不够	动作协调 投掷距离5—8米
期初	男	4人	2人	8人

（续表）

		投掷 抛物线过低	上下肢力量、速度不够	动作协调 投掷距离 5—8 米
		28.6%	14.3%	57.1%
	女	5 人	7 人	4 人
		31.3%	43.7%	25%
	班平均	9 人	9 人	12 人
		30%	30%	40%
期末	男	6 人	2 人	8 人
		37.5%	12.5%	50%
	女	5 人	3 人	10 人
		27.8%	16.7%	55.6%
	班平均	11 人	5 人	18 人
		32.4%	14.7%	52.9%

表 3-4 大一班投掷距离对比

	期 初	期 末
男	5.04 米	6.17 米
女	4.45 米	5.11 米
班平均	4.75 米	5.62 米

表 3-5 班级：大二班

		投掷 抛物线过低	上下肢力量、速度不够	动作协调 投掷距离 5—8 米
期初	男	4 人	4 人	6 人
		28.6%	28.6%	42.9%
	女	6 人	5 人	6 人
		35.3%	29.4%	35.3%
	班平均	10 人	9 人	12 人
		32.3%	29%	38.7%

（续表）

		投掷 抛物线过低	上下肢力量、速度不够	动作协调 投掷距离5—8米
期末	男		4人	6人
			40%	60%
	女	5人	3人	12人
		26.3%	15.8%	57.9%
	班平均	5人	7人	18人
		16.7%	23.3%	60%

表3-6　大二班投掷距离对比

	期　初	期　　末
男	5.48米	5.75米
女	4.88米	5.81米
班平均	5.18米	5.78米

表3-7　班级：大三班

		投掷 抛物线过低	上下肢力量、速度不够	动作协调 投掷距离5—8米
期初	男	3人	4人	7人
		21.4%	28.6%	50%
	女	3人	9人	5人
		17.6%	52.9%	29.4%
	班平均	6人	13人	12人
		19.4%	41.9%	38.7%
期末	男	2人	3人	7人
		16.7%	25%	58.3%
	女	3人	7人	5人
		20%	46.7%	33.3%
	班平均	5人	10人	12人
		18.5%	37%	44%

表3-8　大三班投掷距离对比

	期　初	期　末
男	5.58 米	6.04 米
女	4.26 米	4.91 米
班平均	4.92 米	5.42 米

大班组投掷动作数据分析：

1. 期末与期初对比，三个班的投掷情况从动作要领和投掷距离上看都有大幅度提升，提升率10%，其中以大二班整体提高最为突出，期末时全班平均投掷距离为5.78米；

2. 男生与女生对比，男生的上下肢力量更强，投掷出手速度更快，其中以大一班男生提高最为突出，期末男生平均投掷距离为6.17米；

3. 投掷问题：投掷抛物线过低、上下肢力量和速度不够。

大班组立定跳远数据统计

表3-9　班级：大一班

		摆臂不够	不会屈膝	蹬地力量不足	上下肢不协调	动作协调力量较好
期初	男	0	1 人	4 人	3 人	8 人
		0	6.3%	25%	18.75%	50%
	女	2 人	1 人	3 人	3 人	9 人
		11.11%	5.56%	16.67%	16.67%	50%
	班平均	2 人	2 人	7 人	6 人	17 人
		5.88%	5.88%	20.59%	17.65%	50%
期末	男			4 人		11 人
				26.67%		73.33%
	女	1 人	1 人	1 人	3 人	10 人
		6.25%	6.25%	6.25%	18.75%	62.5%
	班平均	1 人	1 人	5 人	3 人	21 人
		3.23%	3.23%	16.13%	9.68%	67.74%

表 3-10　大一班立定跳远距离对比

	期　初	期　末
男	98.94 厘米	117.3 厘米
女	96.67 厘米	105.9 厘米
班平均	97.74 厘米	111.45 厘米

表 3-11　班级：大二班

		摆臂不够	不会屈膝	蹬地力量不足	上下肢不协调	动作协调力量较好
期初	男	2 人		2 人	2 人	8 人
		14.29%		14.29%	14.29%	57.14%
	女	2 人		4 人	2 人	9 人
		11.76%		23.53%	11.76%	52.94%
	班平均	4 人		6 人	4 人	17 人
		12.90%		19.35%	12.90%	54.84%
期末	男	1 人		3 人	1 人	9 人
		7.15%		21.44%	7.14%	64.29%
	女	0		3 人	1 人	13 人
		0		17.65%	5.88%	76.47%
	班平均	1 人		6 人	2 人	22 人
		7.15%		19.35%	6.45%	70.87%

表 3-12　大二班立定跳远距离对比

	期　初	期　末
男	98.94 厘米	117.3 厘米
女	96.67 厘米	105.9 厘米
班平均	97.74 厘米	111.45 厘米

大班组立定跳远动作数据分析：

1. 期末与期初对比，三个班的立定跳远情况从动作要领和跳远距离上看都有大幅度提升，提升率为 7%，其中以大二班整体提高最为突出，期末时全班平均跳远距离为 111.96 厘米；

2. 男生与女生对比，男生的上下肢力量更强，协调性更好，其中以大一班、大三班男生提高最为突出，期末男生平均立定跳远距离为 117 厘米，较期初提升了 10%；

3. 立定跳远问题：不会屈膝、蹬地力量不够、上下肢不够协调。

大班组钻的数据统计

表 3-13　班级：大一班

		碰圈 1 次	碰圈 2 次	碰圈 3 次	动作协调
期初	男	4 人	3 人	2 人	4 人
		30.77%	23.07%	15.38%	30.77%
	女	5 人	1 人		12 人
		27.78%	5.56%		66.67%
	班平均	9 人	4 人	2 人	16 人
		29.03%	12.90%	6.45%	51.61%
期末	男	5 人			11 人
		31.25%			68.75%
	女	7 人			11 人
		38.89%			61.11%
	班平均	12 人			22 人
		35.29%			64.71%

表 3-14　班级：大二班

		碰圈 1 次	碰圈 2 次	碰圈 3 次	动作协调
期初	男	2 人	2 人	3 人	4 人
		18.18%	18.18%	27.27%	36.36%
	女	3 人	4 人	1 人	10 人
		16.67%	22.22%	5.56%	55.56%
	班平均	5 人	6 人	4 人	14 人
		17.24%	20.69%	13.79%	48.28%
期末	男	2 人			9 人
		18.18%			81.82%
	女	2 人			16 人
		11.11%			88.89%

（续表）

		碰圈 1 次	碰圈 2 次	碰圈 3 次	动作协调
	班平均	4 人			25 人
		13.79%			86.21%

班级：大三班

	期　初	期　末
男	110.71 厘米	113.6 厘米
女	104.41 厘米	110.9 厘米
班平均	107.26 厘米	111.96 厘米

大班组立定跳远数据统计

表 3-15　班级：大三班

		摆臂不够	不会屈膝	蹬地力量不足	上下肢不协调	动作协调力量较好
期初	男	0	1 人	4 人	3 人	8 人
		0	6.3%	25%	18.75%	50%
	女	2 人	1 人	3 人	3 人	9 人
		11.11%	5.56%	16.67%	16.67%	50%
	班平均	2 人	2 人	7 人	6 人	17 人
		5.88%	5.88%	20.59%	17.65%	50%
期末	男			2 人	1 人	13 人
				12.5%	6.25%	81.25%
	女			2 人	1 人	15 人
				11.11%	5.57%	83.33%
	班平均			4 人	2 人	28 人
				11.76%	5.88%	82.35%

表 3-16　大三班立定跳远距离对比

		碰圈1次	碰圈2次	碰圈3次	动作协调
期初	男	2 人	1 人		10 人
		15.38％	7.69％		76.92％
	女	3 人	1 人		13 人
		17.24％	3.45％		81.25％
	班平均	5 人	2 人		23 人
		17.24％	3.45％		79.31％
期末	男	1 人			11 人
		8.33％			91.67％
	女				15 人
					100％
	班平均	1 人			26 人
		3.70％			96.30％

大班组钻的动作数据分析:

1. 期末与期初对比,三个班的钻的动作协调性都有大幅度提升,提升率为15％,其中以大三班整体提高最为突出,期末幼儿钻的动作协调性达到96.30％;

2. 男生与女生对比,女生钻的协调性更好,其中以大三班女生提高最为突出,期末女生动作协调性达到了100％,较期初提升了10％;

3. 钻的问题:团身不够,腿部力量需加强。

大班组平衡动作数据统计

表 3-17　班级:大一班

		掉桩1次	掉桩2次	掉桩3次	交替困难	动作协调
期初	男			2 人		15 人
				6.25％		93.75％
	女	2 人	2 人	2 人	2 人	10 人
		5.56％	5.56％	5.56％	5.56％	55.56％
	班平均	2 人	2 人	4 人	2 人	25 人
		5.56％	5.56％	11.43％	5.56％	71.43％

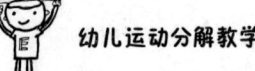

（续表）

		掉桩1次	掉桩2次	掉桩3次	交替困难	动作协调
期末	男	1人				13人
		7.14%				92.86%
	女	3人				14人
		17.65%				82.35%
	班平均	4人				27人
		12.90%				87.10%

表3-18　走梅花桩所用时间对比

	期　初	期　末
男	12.71秒	11.05秒
女	11.12秒	9.12秒
班平均	11.87秒	10.09秒

表3-19　班级：大二班

		掉桩1次	掉桩2次	掉桩3次	交替困难	动作协调
期初	男	0	0	0	1人	13人
		0	0	0	7.14%	92.86%
	女	2人	1人	0	1人	13人
		11.76%	5.88%	0	5.88%	76.47%
	班平均	2人	1人	0	2人	26人
		6.45%	3.23%	0	6.45%	83.87%
期末	男					14人
						100%
	女	1人				16人
		5.88%				94.11%
	班平均	1人				30人
		3.23%				96.77%

表 3-20　走梅花桩所用时间对比

	期　初	期　末
男	12.47 秒	10.04 秒
女	9.87 秒	9.77 秒
班平均	11.05 秒	9.91 秒

表 3-21　班级：大三班

		掉桩 1 次	掉桩 2 次	掉桩 3 次	交替困难	动作协调
期初	男	0	1 人		1 人	11 人
		0	7.69%		7.69%	84.62%
	女	1 人	1 人		0	14 人
		5.88%	5.88%		0	82.35%
	班平均	1 人	2 人		2 人	25 人
		3.33%	6.67%		6.67%	83.33%
期末	男	1 人				12 人
		7.69%				92.31%
	女	1 人				15 人
		6.25%				93.75%
	班平均	2 人				27 人
		6.7%				93.10%

表 3-22　走梅花桩所用时间对比

	期　初	期　末
男	10.72 秒	9.56 秒
女	14.06 秒	12.67 秒
班平均	12.62 秒	11.12 秒

大班组平衡动作数据分析：

1. 期末与期初对比，三个班幼儿平衡动作的协调性都有大幅度提升，其中以大二班整体提高最为突出，期末幼儿平衡动作协调性达到 96.77%；

2. 男生与女生对比，女生平衡的协调性更好，三个大班中有两个班女生走梅花桩的时间比男生快，以大一、大二班女生最为突出；

3. 平衡的问题：重心不稳。

中班组投掷数据统计

表 3-23　班级：中一班

		投掷抛物线过低	上下肢力量、速度不够	动作协调投掷距离 4—6 米
期初	男	4 人	4 人	9 人
		23.53%	23.53%	52.94%
	女	7 人	4 人	5 人
		43.75%	25%	31.25%
	班平均	11 人	8 人	14 人
		33.33%	24.24%	42.42%
期末	男	0	3 人	14 人
		0	17.65%	82.35%
	女	4 人	4 人	7 人
		26.67%	26.67%	46.67%
	班平均	4 人	7 人	21 人
		12.5%	21.88%	65.63%

	期　初	期　末
男	3.97 米	5.16 米
女	3.25 米	4.3 米
班平均	3.62 米	4.76 米

表 3-24　班级：中二班

		投掷抛物线过低	上下肢力量、速度不够	动作协调投掷距离 4—6 米
期初	男	3 人	6 人	4 人
		23.08%	46.15%	30.77%
	女	7 人	5 人	3 人
		45.67%	33.33%	20%
	班平均	10 人	11 人	7 人
		35.71%	39.29%	25%

（续表）

		投掷抛物线过低	上下肢力量、速度不够	动作协调投掷距离 4—6 米
期末	男	1 人	2 人	13 人
		6.25％	12.5％	81.25％
	女	3 人	6 人	9 人
		16.67％	33.33％	50％
	班平均	4 人	8 人	22 人
		11.76％	23.53％	64.71％

表 3-25

	期 初	期 末
男	3.39 米	4.64 米
女	3.18 米	3.61 米
班平均	3.28 米	4.1 米

中班组投掷动作数据分析：

1. 期初和期末对比：投掷的距离和动作要领的掌握有较大的提升，中一班平均投掷距离达到了 4.76 米；

2. 男生和女生对比：男生投掷时上下肢的力量要比女生强，中一班男生期末平均投掷距离为 5.16 米；

3. 投掷的问题：投掷时上下肢力量、速度不够。

中班组立定跳远数据统计

表 3-26　班级：中一班

		摆臂不够	不会曲膝	蹬地无力	上下肢不协调	动作协调
期初	男	3 人	3 人	3 人	2 人	6 人
		17.65％	17.65％	17.65％	11.76％	35.29％
	女	0	0	3 人	3 人	10 人
		0	0			62.5％
	班平均	3 人	3 人	6 人	5 人	16 人
		9.09％	9.09％	18.18％	15.15％	48.48％

（续表）

		摆臂不够	不会曲膝	蹬地无力	上下肢 不协调	动作协调
期末	男	0	1 人	3 人	1 人	12 人
		0	5.88%		5.88%	70.59%
	女	0	0	1 人	1 人	12 人
		0	0	7.14%	7.14%	85.71%
	班平均	0	1 人	4 人	2 人	24 人
		0	3.23%	12.90%	6.45%	77.42%

表 3－27

	期　初	期　末
男	85.5 厘米	103.5 厘米
女	81.5 厘米	95.5 厘米
班平均	83.5 厘米	99.5 厘米

表 3－28　班级：中二班

		摆臂不够	不会曲膝	蹬地无力	上下肢 不协调	动作协调
期初	男	2 人		5 人	1 人	5 人
		15.38%		38.46%	7.69%	38.46%
	女	2 人	1 人	5 人	1 人	5 人
		14.29%	7.14%	38.46%	7.69%	38.46%
	班平均	4 人	1 人	10 人	2 人	10 人
		14.81%	3.7%	37.04%	7.4%	37.04%
期末	男	2 人		1 人	2 人	11 人
		12.5%		6.25%	12.5%	68.75%
	女	1 人	1 人	2 人	0	14 人
		5.56%	5.56%	11.11%	0	77.78%
	班平均	3 人	1 人	3 人	2 人	25 人
		8.82%	2.94%	8.82%	5.88%	73.53%

表 3-29

	期　初	期　末
男	79.85 厘米	98 厘米
女	79.92 厘米	90.11 厘米
班平均	79.89 厘米	93.82 厘米

中班组立定跳远动作数据分析：

1. 期末与期初对比，两个班立定跳远从动作要领和跳远距离上看都有大幅度提升，提升率为 20%，其中以中一班整体提高最为突出，期末时全班平均跳远距离为 99.5 厘米；

2. 男生与女生对比，男生的上下肢力量更强，协调性更好，其中以中一班男生提高最为突出，期末男生平均立定跳远距离为 99.5 厘米，较期初提升了 10%；

3. 立定跳远问题：不会屈膝、蹬地力量不够、上下肢不够协调。

中班组平衡数据统计

表 3-30　班级：中一班

		掉桩 1 次	掉桩 2 次	掉桩 3 次	交替困难	动作协调
期初	男	4 人				11 人
		26.67%				73.33%
	女	3 人				10 人
		18.75%				62.5%
	班平均	7 人				16 人
		22.58%				48.48%
期末	男	2 人			1 人	13 人
		12.5%			6.25%	81.25%
	女	1 人				14 人
		6.67%				93.33%
	班平均	3 人			1 人	27 人
		9.68%			3.23%	87.1%

表 3-31

	期　初	期　末
男	16.65 秒	13.30 秒
女	11.77 秒	10 秒
班平均	14.13 秒	11.71 秒

表 3－32　班级：中二班

		掉桩 1 次	掉桩 2 次	掉桩 3 次	交替困难	动作协调
期初	男	4 人	2 人		2 人	4 人
		33.33％	16.67％		16.67％	33.33％
	女	2 人	2 人		4 人	7 人
		14.29％	14.29％		26.67％	50％
	班平均	6 人	4 人			11 人
		22.22％	14.81％			40.74％
期末	男	3 人	1 人		2 人	13 人
		18.75％	6.25％		12.5％	81.25％
	女	5 人	1 人			
		27.78％	5.56％			
	班平均	8 人	2 人		2 人	27 人
		23.53％	5.88％		5.88％	87.1％

表 3－33

	期　初	期　末
男	26.45 秒	18.84 秒
女	15.70 秒	10.08 秒
班平均	21.08 秒	14.46 秒

中班组平衡动作数据分析：

1. 期末与期初对比，两个班的平衡动作的协调性都有大幅度提升，其中以中一班整体提高最为突出，期末幼儿通过平衡木的平均时间 11.71 秒；

2. 男生与女生对比，女生平衡的协调性更好，两个中班的女生走平衡木的速度比男生快；

3. 平衡的问题：重心不稳。

中班组钻数据统计

表 3－34　班级：中一班

		碰 1 次圈	碰 2 次圈	碰 3 次圈	腿部力量不够	动作协调
期初	男	3 人				13 人
		18.75％				81.25％

（续表）

		碰 1 次圈	碰 2 次圈	碰 3 次圈	腿部力量不够	动作协调
	女	1 人			5 人	9 人
		6.67%			33.33%	60%
	班平均	4 人			5 人	22 人
		12.90%			16.13%	70.97%
期末	男	2 人				14 人
		12.5%				87.5%
	女				2 人	13 人
					13.33%	86.67%
	班平均	2 人			2 人	27 人
		6.45%			6.45%	87.1%

表 3-35

	期　初	期　末
男	11.96 秒	10.06 秒
女	9.80 秒	9.26 秒
班平均	10.92 秒	9.66 秒

表 3-36　班级：中二班

		碰 1 次圈	碰 2 次圈	碰 3 次圈	腿部力量不够	动作协调
期初	男	3 人				10 人
		23.08%				76.92%
	女	4 人				11 人
		28.57%				78.57%
	班平均	7 人				21 人
		25.93%				77.78%
期末	男	2 人				13 人
		12.5%				81.25%
	女		1 人			17 人
			5.56%			94.44%

（续表）

		碰 1 次圈	碰 2 次圈	碰 3 次圈	腿部力量不够	动作协调
期初	班平均	2 人	1 人			30 人
		5.88%	2.94%			88.24%

表 3-37

	期 初	期 末
男	11.77 秒	10.02 秒
女	9.65 秒	9.16 秒
班平均	10.71 秒	9.59 秒

中班组钻的动作数据分析：

1. 期末与期初对比，两个班的钻的动作协调性都有进步，其中以中二班整体提高最为突出，期末幼儿钻过山洞平均用时为 9.59 秒；

2. 男生与女生对比，女生钻的协调性更好，其中以中二班女生提高最为突出；

3. 钻的问题：团身不够，腿部力量需加强。

小班组投掷数据统计

表 3-38　班级：小一班

		投掷抛物线过低	上下肢力量、速度不够	动作协调投掷距离 4—6 米
期初	男	5 人	2 人	4 人
		45.45%	18.18%	36.36%
	女	6 人	3 人	1 人
		60%	30%	10%
	班平均	11 人	5 人	5 人
		52.38%	23.81%	23.81%
期末	男	4 人	1 人	6 人
		36.36%	9.09%	54.55%
	女	3 人	2 人	5 人
		30%	20%	50%
	班平均	7 人	3 人	11 人
		33.33%	14.29%	52.38%

表 3 - 39

	期 初	期 末
男	3.15 米	4.26 米
女	3.2 米	2.68 米
班平均	3.17 米	3.42 米

表 3 - 40　班级：小二班

		投掷抛物线过低	上下肢力量、速度不够	动作协调投掷距离 4—6 米
期初	男	6 人	4 人	4 人
		42.86%	28.57%	28.57%
	女	1 人	3 人	2 人
		16.67%	50%	33.33%
	班平均	7 人	7 人	6 人
		35%	35%	30%
期末	男	4 人	1 人	9 人
		28.57%	7.14%	64.28%
	女	1 人	2 人	3 人
		16.67%	33.33%	50%
	班平均	5 人	3 人	12 人
		25%	15%	60%

表 3 - 41

	期 初	期 末
男	3.11 米	3.78 米
女	2.42 米	2.65 米
班平均	2.91 米	3.35 米

小班组投掷动作数据分析：

1. 期初和期末对比：投掷的距离和动作要领的掌握有进步，小一班平均投掷距离达到了 3.42 米；

2. 男生和女生对比：男生投掷时上下肢的力量要比女生强，小一班男生期末平均投掷距离为 4.26 米；

3. 投掷的问题：投掷时上下肢力量、速度不够、投掷时脚的站位姿势不够合理。

小班组跳数据统计

表 3 - 42　班级：小一班

		不会单脚跳	中途落脚	同脚单落向前跳 2—4 米
期初	男	1 人	5 人	3 人
		10%	50%	40%
	女	2 人	3 人	2 人
		16.67%	25%	16.67%
	班平均	3 人	8 人	5 人
		13.64%	36.36%	22.72%
期末	男	2 人	1 人	8 人
		18.18%	9.09%	72.73%
	女	1 人	1 人	8 人
		10%	10%	80%
	班平均	3 人	2 人	16 人
		14.29%	9.52%	76.19%

表 3 - 43

	期　初	期　末
男	4.98 秒	3.62 秒
女	3.27 秒	3.16 秒
班平均	4.04 秒	3.4 秒

表 3 - 44　班级：小二班

		不会单脚跳	中途落脚	同脚单落向前跳 2—4 米
期初	男	6 人	5 人	2 人
		46.15%	38.46%	15.38%
	女	3 人	3 人	1 人
		42.86%	42.86%	14.29%
	班平均	9 人	8 人	3 人
		45%	40%	15%

（续表）

		不会单脚跳	中途落脚	同脚单落向前跳 2—4米
期末	男	3人	3人	7人
		23.07%	23.07%	53.85%
	女	1人	2人	4人
		14.29%	28.57%	57.14%
	班平均	4人	5人	11人
		20%	25%	55%

表3-45

	期　初	期　末
男	4.76秒	4.25秒
女	4秒	3.71秒
班平均	4.53秒	4.07秒

小班组跳动作数据分析：

1. 期末与期初对比，两个小班都有不同程度的进步，其中小一班更为突出，期末跳的平均用时为3.4秒；

2. 男生与女生对比，女生单脚向前跳用时更短；

3. 单脚向前跳的问题：设置的距离过短、同脚单落的稳定性不够。

小班组钻爬数据统计

表3-46 小一班

	期　初	期　末
男	16.48秒	14.48秒
女	15.19秒	14.08秒
班平均	15.87秒	14.32秒

表3-47 小二班

	期　初	期　末
男	14.56秒	14.88秒
女	16.46秒	13.68秒
班平均	15.19秒	14.51秒

小班组钻的动作数据分析：

1. 期末与期初对比，两个班的钻的动作协调性都有进步；

2. 男生与女生对比，女生钻的协调性更好，用时更短；

3. 钻的问题：团身不够，腿部力量需加强。

小班组平衡数据统计

表 3－48　小一班

	期　初	期　末
男	7.61 秒	6.12 秒
女	5.76 秒	6.18 秒
班平均	6.73 秒	6.16 秒

表 3－49　小二班

	期　初	期　末
男	8.21 秒	7.19 秒
女	10.26 秒	7.50 秒
班平均	8.93 秒	7.30 秒

小班组平衡动作数据分析：

1. 期末与期初对比，两个班平衡动作的协调性都有提升，其中以小一班整体提高最为突出，期末幼儿通过平衡木的平均时间 6.16 秒；

2. 男生与女生对比，女生平衡的协调性更好，两个中班的女生走平衡木的时间比男生快；

3. 平衡的问题：重心不稳。

托班投掷数据统计

表 3－50　托班

		投掷抛物线过低	上下肢力量、速度不够	动作协调投掷距离 2—4 米
期初	男	3 人	5 人	4 人
		25％	41.67％	33.33％
	女	4 人	3 人	3 人
		40％	30％	30％
	班平均	7 人	8 人	7 人
		31.82％	36.36％	31.81％
期末	男	1 人	4 人	5 人
		10％	40％	50％
	女	2 人	2 人	5 人
		22.22％	22.22％	55.56％

（续表）

		投掷抛物线过低	上下肢力量、速度不够	动作协调投掷距离 2—4 米
期末	班平均	3 人	6 人	10 人
		15.79%	31.58%	52.63%

表 3－51

	期　初	期　末
男	1.87 米	2.27 米
女	1.13 米	2.38 米
班平均	1.29 米	2.32 米

托班投掷动作数据分析：

1. 期初和期末对比：投掷的距离和动作要领的掌握有进步；
2. 男生和女生对比：男生投掷时上下肢的力量要比女生强，男生期末平均投掷距离为 2.38 米；
3. 投掷的问题：投掷时上下肢力量、速度不够、投掷时脚的站位姿势不够合理。

托班跳数据统计

表 3－52　托班

		不会双脚行进跳	不会连续跳	双起双落连贯跳
期初	男	4 人	3 人	2 人
		44.44%	33.33%	22.22%
	女	1 人	1 人	4 人
		16.67%	16.67%	66.67%
	班平均	5 人	4 人	6 人
		33.33%	26.67%	40%
期末	男	2 人	2 人	12 人
		12.5%	12.5%	75%
	女	1 人		9 人
		10%		90%
	班平均	3 人	2 人	21 人
		11.54%	7.69%	80.77%

表 3-53 托班

	期　初	期　末
男	12.3 秒	8.95 秒
女	10.78 秒	8.8 秒
班平均	11.69 秒	8.89 秒

托班跳动作数据分析：

1. 期末与期初对比，10 米兔跳进步，其中小一班更为突出，期末时跳的平均用时为 8.89 秒；
2. 男生与女生对比，女生 10 米兔跳用时更短；
3. 10 米兔跳的问题：部分幼儿双起双落还有困难，坚持性不够。

托班钻爬数据统计

表 3-54 托班

	期　初	期　末
男	18.35 秒	17.21 秒
女	18.16 秒	17.03 秒
班平均	18.27 秒	17.14 秒

托班钻的动作数据分析：

1. 期末与期初对比，钻的动作协调性有进步；
2. 男生与女生对比，女生钻的协调性更好，用时更短，但差距不大；
3. 钻的问题：团身不够，腿部力量需加强。

托班平衡数据统计

表 3-55 托班

	期　初	期　末
男	6.23 秒	4.63 秒
女	7.58 秒	4.88 秒
班平均	6.81 秒	4.73 秒

托班平衡动作数据分析：

1. 期末与期初对比，平衡动作的协调性有提升；
2. 男生与女生对比，男生平衡的协调性更好；
3. 平衡的问题：重心不稳。

（六）动作发展评估存在的问题

1. 男女生动作发展存在差异性

在评估的项目中,男生在20米跑、立定跳远、投掷等需要力量和速度的项目中表现更好,而女生则更擅长于走平衡木、钻等需要协调性、灵活性的项目。

2. 运动活动开展的类型不均衡

在评估的项目中,幼儿比较熟悉钻、平衡、20米跑等项目的动作要领且掌握较好;对立定跳远中屈膝蹬地、上下肢协调配合和投掷中沙包出手的速度、抛物线的高度等问题还需要在以后的活动中进一步理解和巩固。

3. 教师运动教育专业化程度不高

从评估中发现:在跑、跳、投、钻、平衡5项动作中,班级之间幼儿掌握的动作要领、动作熟悉程度的差异。幼儿园虽然有统一的健康课程,但由于教师未接受专业的体能教育培训,对幼儿动作发展的规律及特点不清楚,在活动组织中就会对基本动作的讲解、示范、分解出现偏差甚至误导。

4. 社会大环境与生活方式的改变

随着城市人口的集中化,人们的生活方式受到环境限制而有所改变。尤其是网络时代的今天,家园对体能重视程度不同,幼儿们活动的时间减少,取而代之的是看电视、打电玩,运动量减少。另一方面,现在教育偏重智育发展,虽然素质教育提出已多年,但绝大多数的考试注重的是文化成绩的结果,知识教育成了幼儿发展的重心。

（七）对策及建议

1. 建立和完善运动课程教材体系

（1）教材要成体系。

全面覆盖个体的现代人身体基本活动动作能力的各个方面。体系包括各年龄段基本动作的目标、内容、方法、活动、评价。

（2）基础动作教材的功能。

使人能够获得以自身生存、享受、发展为目的成功动作的能力。

（3）教材体系要有科学性。

符合儿童身、心、年龄发育发展规律（器官、机能发育顺序、局部、整体、敏感期等）。

（4）教材体系要有层次性。

遵循了动作发展的层次性（易—难、少—多、低—高、宽—窄、小—大、轻—重、慢—快、进—退、正—侧、局—整、分—合、徒—械、单—双—众—团、统一个、

跟—主、规—创、生活—设计—自创、参与—合作—竞争、轮流竞争—同场不接触对垒—对抗式)。

2. 补充和提高教师运动教育的专业知识

深化对动作教学的研究,系统学习幼儿运动教育知识,全面掌握理解各年龄段幼儿动作发展的特点、规律,掌握各年龄段核心动作要领和正确的示范讲解,遵循动作发展的层次性。在活动组织中进一步明晰动作难度的"序",树立情景设置为核心动作服务的教育理念。利用分解式游戏教学等多种方式促进幼儿动作发展。

3. 创造条件尽可能多地提供运动的机会

《指南》中指出:"幼儿体育活动兴趣的激发、基本动作的发展以及身体素质的提高,都是在身体运动的过程中获得的。"也就是说,要实现幼儿体育活动的价值,增强幼儿的体质,其关键就是要为幼儿提供尽可能多的身体运动的机会,吸引幼儿参与其中,鼓励和支持幼儿主动练习和体验,并在此过程中给予幼儿适当的指导和帮助。也就是说,只有确保幼儿有足够的身体运动,才能积极有效地促进幼儿动作的发展。因此,每天我们必须确保孩子有充足的活动时间和适当的运动量,在此基础上创造条件尽可能多地提供运动的机会,只有当孩子真的运动起来了,才能确保孩子动作的协调发展。